다시, 한국인

다시, 한국인

초판 1쇄 발행 2016년 2월 29일

지은이 | 최준식
펴낸이 | 조미현

편집주간 | 김현림
디자인 | 디자인 창
등록 | 1951년 12월 24일 · 10-126
주소 | 서울시 마포구 동교로 12안길 35
전화 | 02-365-5051~6
팩스 | 02-313-2729
전자우편 | editor@hyeonamsa.com
홈페이지 | www.hyeonamsa.com

ISBN 978-89-323-1788-5 03300

이 도서의 국립중앙도서관 출판시도서목록(CIP)은
서지정보유통지원시스템 홈페이지(http://seoji.nl.go.kr)와
국가자료공동목록시스템(http://www.nl.go.kr/kolisnet)에서 이용하실 수 있습니다.
(CIP제어번호: CIP 2016004582)

한국학의 대가 최준식 교수가
이 시대 한국인에게 전하는 희망 메세지

다시, 한국인

최준식 지음

ᄒ현암사

찬란한 문화, 문기(文氣)와 신기(神氣)

제가 지금부터 하는 강의는 지난 몇 년 동안 숱한 곳에서 했던 것입니다. 그런데 그 강의 요청과 호응은 학교보다 기업 쪽이 단연 많았습니다. 그렇게 된 이유는 아마도 기업이 우리 문화를 새삼스럽게 볼 수 있는 시각을 갖게 되어서 그런 것 같습니다. 그동안 '한국 문화' 하면 그다지 볼 것이 없는 것이라 생각했는데 그것이 아니라는 뜻밖의 발견을 하고 좋아했던 것 아닐까 합니다. 게다가 '내가 우리 문화에 이다지도 무지했구나' 하는 반성도 있었겠지요.

저는 이 책에서 한국 문화를 구성하는 두 원리로 문기(文氣)와 신기(神氣)를 들었습니다. 우리나라는 역사가 길고 문화 수준이 높고 다양해 그것을 간략하게 담아내기가 힘듭니다. 그래서 저는 요즈음 우리 문화를 두고 한국 문화가 아니라 한국 문명이라고 해야 하지 않을까 하는 생각을 많이 합니다. 일반적인 예측과는 달리 한국 문화 안에는 엄청난 게 있기 때문입니다. 그래서 저는 이런 엄청난 한국 문화를 다 담을 수 있는 기운이나 원리를 추출하는 것은 포기했습니다.

그러나 우리 문화를 이해하려는 시도 자체를 포기할 수는 없었습니다. 그래서 조금 생각을 달리해서, 비록 한국 문화 전체를 담아낼 수 없지만 현대 한국 문화를 설명할 수 있는 원리에 대해 생각해보기로 했습니다. 전체 문화를 다 섭렵할 수 없으니 우리가 살을 맞대고 사는 현대 문화만 살펴보기로 한 것이지요. 그래서 현대의 우리 문화가 형성되는 데에 가장 많은 영향을 준 원리를 생각해보고 그 역사적 배경을 알아보았더니 지금 이 책에서 말하는 것 같은 두 개의 원리가 나오더군요.

저는 이 두 원리에 입각해서 두 권의 책(『세계가 높이 산 한국의 문기』, 『세계가 감탄한 한국의 신기』)을 이미 썼습니다. 그리고 이 책의 내용에 따라 그동안 강의를 해왔습니다. 그러는 와중에 가만히 생각해보니 제가 지금까지 하던 강의를 아예 책으로 옮기면 어떨까 하는 생각을 하게 되었습니다. 제가 독자의 입장에서 보니까 이 두 책을 다 보는 것은 아무래도 수고스럽고 귀찮지 않을까 하는 생각이 들었기 때문입니다. 제가 이 두 책을 쉽게 쓴다고 썼지만 우선 양이 많습니다. 두 권을 합하면 650쪽이 넘습니다. 그리고 꽤 전문적인 내용이 있어서 어려운 면도 있었습니다. 그래서 일반 독자들이 이 두 책을 소화하는 데에는 문제가 있을 것 같았습니다.

이런 생각 끝에 이 두 권을 합해 그 가운데 가장 핵심적인 것만 뽑아 한 권으로 만들면 좋겠다는 아이디어가 떠오른 것이지요. 그리고 실제로 강의하는 것처럼 해서 현장의 생생함을 전달하면 독자들이 훨씬 편안하게 읽을 수 있을 거라 생각했습니다. 게다가 이 내용들은 수십 수백 차례의 강의에서 나름대로 검증을 받은 것들입니다. 수없이 강의하면서 저절로 그 내용이 정리되어 꼭 전달해야 할 것들만 추려지게 되었습니다. 강의했던 것을 기초로 쓰니까 쓰는 속도가 매우 빨랐습니다. 한 달도 안 돼서 원고를 마칠 수 있었으니까요. 또 쓰면서도 흡사 서면 위에서 강의를 하는 것 같아 아주 편안한 마음으로 시종일관할 수 있었습니다.

그리고 다시 쓸 수밖에 없었던 또 하나의 이유는 그동안 바뀐 내용이 있었기 때문입니다. 특히 유네스코 등재 세계유산들은 가짓수가 늘어나 수정이 불가피했습니다. 자꾸 더 등재되었기 때문에 가장 최근의 정보를 담아 수정했습니다. 그런가 하면 내용이 더 늘어난 것도 있고 그동안 제가 잘못 알고 있어 고친 부분도 있습니다. 특히 문기 부분은 수정할 사항이 꽤 있었습니다. 그래서 전체적으로 보면 내용이 더 짜임새 있고 풍부해진 느낌을 받습니다. 부디 독자 여러분들도 저와 같은 느낌을 가졌으면 합니다.

또 제가 바라는 것은 독자들이 이 책을 다 읽고 나면 한 편의 좋은 영화를 본 것 같은 느낌이 들었으면 하는 것입니다. 영화를 볼 때처럼 부담 없이 접하고, 끝나고 나면 잔잔한 감동이 있으면 더할 나위 없이 좋겠습니다. 영화를 볼 때 우리는 책 읽을 때와는 달리 작은 설렘과 함께 아주 편안한 마음으로 즐길 것을 기대합니다. 그리고 영화를 보는 중간에도 영화와 하나가 되어 울고 웃고 합니다.

따라서 여러분들이 이 책을 보실 때에도 전혀 부담감을 갖지 마시고 그냥 즐기겠다는 생각을 하시면 좋겠습니다. 그러면 마지막에 잔잔한 감흥이 올 수도 있습니다. 우리 문화를 새롭게 볼 수 있고 현대에 사는 우리, 우리 한국인이 어떤 사람들인가에 대해 이전과는 다른 시각을 가질 수 있기 때문입니다. 이게 제가 이번 책을 쓰면서 소망하는 것인데 부디 이 소망이 이루어졌으면 하는 작은 바람을 가져봅니다.

책이 새로 나올 때면 늘 그렇듯이 이번 책이 나오는 데에도 감사할 분들이 있습니다. 무엇보다도 그동안 제 강의를 들으면서 소중한 정보를 준 여러 청중들께 감사드리고 싶습니다. 저는 그분들을 일일이 기억하지 못하지만 그분들이 들어주지 않았다면 이 원고는 햇빛을 보지 못했을 것입니다. 그다음 감사 대상은 말할 것도 없이 현암사입니다. 유례가 없는 출판 불황의 시기에 이런 고루한 원고를 출간하기로 결정한 데에 대해 조미현 사장님 이하 여러 관계자들께 깊은 감사를 드립니다. 마지막으로 감사드리고 싶은 분은 송혜나 교수입니다. 송 교수는 내용을 강화해주었을 뿐만 아니라 특히 좋은 사진 자료들을 선정해 이 원고의 적재적소에 넣어 훨씬 좋은 원고로 만들어주었습니다.

끝으로 이 책이 현재 여러모로 환란에 빠져 있는 우리 한국인들에게 아주 작은 희망이라도 줄 수 있으면 하는 작은 바람을 가져봅니다. 이 책에서도 밝혔지만 한국은 그렇게 쉽게 잘못될 나라가 아닙니다. 그 문화의 두께가 엄청나기 때문입니다. 그 자세한 것은 본문을 통해 접해보시기를 바라면서 이 작은 글을 마칩니다.

2016(4339)년 입춘 즈음에

지은이 삼가 씀

2부 한국인의 신기(神氣), 그 에너지의 폭발력

한국은 최빈국에서 선진국으로 도약한 유일한 나라

저는 이 강의를 항상 이렇게 시작합니다.

우리 한국인들은 전 세계에, 그리고 인류 역사에 유례가 없는 기적을 이루었습니다. 다 아시는 것처럼 경제 기적이지요. 어떤 기적인가요? 그 것을 알기 위해서는 시간이 그다지 오래 걸리지 않습니다.

6·25 전쟁 직후에 우리나라는 어떤 나라였습니까? 세계에서 가장 가난한 나라였지요. 이렇게 길게 말할 것도 없습니다. 세 글자로 '최빈국'이라고 하면 됩니다. 그때 국민소득이 60여 달러 정도였다고 하니 얼마나 가난한 나라입니까? 그런데 이게 무슨 말인지 아십니까? 국민 한 사람이 1년 동안 열심히 벌어야 7만 원 정도밖에 못 번다는 것입니다(당시는 물가나 환율이 다를 터이니 이 수치는 달라질 수 있습니다). 놀라지 마십시오. 하루나 한 달에 그렇게 번다는 것이 아니라 1년 동안에 그만큼 번다는 것입니다.

이게 얼마나 못사는 것인지 요즘 젊은 사람들은 감이 오질 않을 겁니다. 그래서 저는 이렇게 비유를 듭니다. 지금 우리가 접할 수 있는 국가 가운데 소말리아 같은 나라를 생각해보라고요. 그 나라는 해적이나 내전 때문에 엉망이 된 나라입니다. 이 나라에 대해서도 잘 상상이 안 되면 북한의 시골을 생각해보라고 합니다. 북한은 평양 빼고는 정말 사람이 살 데가 아닙니다. 소말리아나 북한은 모두 1인당 국민소득이 500달러에서

600달러밖에 안 되는 나라들로 세계에서 가장 가난한 국가입니다.

6 · 25 직후의 우리나라가 바로 그랬습니다. 그야말로 찢어지게 가난했습니다. 젊은 분들에게는 이 표현이 좀 낯설 수 있습니다. 이것은 제가 어렸을 때 제 부친 세대(1910~1920년대 출생자들)로부터 많이 듣던 이야기입니다. 극도로 가난한 것을 표현할 때 이런 이야기를 많이 했습니다. 그런데 이 표현은 결코 비유가 아니라 실제의 모습을 나타낸 것입니다.

이게 무슨 말일까요? 먹을 게 없어서 나무껍질이나 풀뿌리를 먹다 보니 그게 소화가 잘 안 되고 배설도 어려워 항문이 찢어지곤 했다는 것입니다. 1950년대 중반에 우리 국민들 대부분은 이렇게 살았습니다.

최근에 개봉되었던 〈국제시장〉(2014년 개봉)이란 영화를 보면 당시의 모습들이 꽤 나옵니다. 그런데 영화라서 그런지 이 영화는 당시의 상황을 너무 미화하고 있어 아쉽습니다. 1950년이나 1960년대에 등장하는 사람들의 얼굴이나 옷이 지금과 흡사합니다. 지금 배우들은 너무나 잘 살아서 그때의 꾀죄죄한 한국인들의 얼굴을 재현하지 못합니다. 배우들

6 · 25 직후의 한국(조선총독부 건물과 그 주변)

얼굴이 너무 하얗고 살이 많이 찌고 기름기가 많습니다. 또 영화에 나온 옷들이 너무 깨끗합니다. 주변 환경도 너무 깨끗합니다.

그러나 당시 한국인 모두는 완전 '촌놈'들이었습니다. 당시의 한국인들의 얼굴이 상상이 잘 안 되면 쉽게 알 수 있는 방법이 있습니다. 지금의 북한 사람들을 보면 되기 때문입니다. 우리 모습이 바로 그랬습니다. 이 영화에서 이런 걸 잘 표현하지 못한 이유는 감독이 40대라 그런 것 같았습니다. 50대 이전의 사람들은 우리나라가 꽤 잘살던 때의 모습만 생각나서 그런지 이런 걸 잘 모르는 것 같습니다.

이 당시에 한국에서 희망을 보는 사람은 아무도 없었습니다. 한국인이든 외국인이든 모두 한국에서 절망만 보았습니다. 그럴 만하겠지요. 일제에게 수십 년 수탈당해 한반도에는 제대로 남은 것이 없었을 터인데 그것도 모자라 3년 동안 참혹한 전쟁을 겪었습니다. 일설에는 그 3년 동안에 2차 세계대전 때 썼던 폭탄보다 더 많은 폭탄이 이 작은 한반도에 떨어졌다고 하더군요.

그래서 남은 게 하나도 없었습니다. 게다가 우리 남한은 지하자원도 변변치 못했습니다. 한마디로 말해 자원 빈국이었지요. 있는 건 사람밖에 없었습니다. 그런데 그 사람들이 어땠습니까? 파당을 나누어 지독히 싸웠지요? 그때 싸우던 모습과 지금의 그것을 비교해보면 지금 정치인들이 싸우는 건 아무것도 아니라는 생각이 듭니다. 그때에는 마구 폭동을 일으키고 반대파를 죽이는 일이 비일비재했습니다. 그에 비해 지금은 이런 일이 없지 않습니까? 이렇게 보면 우리의 정치적 현실을 비관만할 것은 아니라는 생각도 듭니다.

상황이 이랬으니 다른 나라, 특히 서구에서는 이 남한에 대해 어떤 희망도 두지 않았습니다. 그래서 전해지는 바로는 "저 나라(한국)가 다시 일어나는 것을 기다리는 것보다 쓰레기통에서 장미 피기를 기다리는 게 더 빠를 것"이라는 말을 남긴 서양인도 있었다고 합니다.

서양에서는, 아시아에서 근대화될 수 있는 나라가 있다면 그것은 파키스탄과 필리핀이라고 하는 주장이 있었다고 하더군요. 그 이유는 이 나라들만이 서양적인 가치관을 받아들였기 때문이라는 것이지요. 서양인들은 자신들의 가치관을 받아들이지 않으면 발전할 가능성이 없다고 본 것입니다. 그러나 그들의 추측은 보기 좋게 빗나갔습니다. 서양을 따랐다는 이 두 나라는 여전히 후진국에 있는 반면 유교 같은 동양 전통을 따른 한국이나 중국은 크게 발전했으니 말입니다.

이랬던 한국이 얼마나 잘살게 됐는지 한번 볼까요? 국민소득이 몇 달러니 하는 수치로 볼 필요 없습니다. 대신 몇 배 잘살게 됐는지 보는 게 더 확실하게 와 닿습니다. 1950년대 중반과 지금을 비교해봤을 때 1인당 국민소득(GNP)은 거의 500배가 늘어났습니다. 그런가 하면 국내총생산(GDP)은 750배 이상 늘어났습니다. 놀라운 일입니다. 약 60년 만에 이런 엄청난 변화를 일군 나라나 민족은 없기 때문입니다. 서양에서 수백 년에 걸쳐 이룬 일을 우리는 수십 년 만에 해치운 겁니다.

제가 이렇게 말하면 청중들은 아무 반응이 없습니다. 그저 덤덤합니다. 그러면 제가 말합니다. "감동은 언제 하려고 그렇게 가만있느냐"라고 말입니다. 이런 엄청난 일을 이룩하고도 한국인들은 덤덤합니다. '그까짓 것 그냥 하다 보니까 그렇게 된 건데 뭘 호들갑이냐' 하는 식입니다. 이건 한국인들이 무식해서 그런지 통이 커서 그런지 알 수가 없습니다. 아마도 이 두 가지 요소가 다 작용한 것 같은데 한국인들의 무관심이 정녕 놀랍습니다.

그다음에 나오는 기록은 많이 알려진 것이라 더 이상 자세하게 이야기 할 필요조차 느끼지 못합니다. 전 세계 국가 가운데 원조를 받던 나라에서 주는 나라로 바뀐 유일한 예가 한국이라느니 하는 그런 따위의 이야기 말입니다. 이것은 우리나라가 선진국이 되었다는 것을 의미하기도 합니다. 그렇게 보면 한국은 후진국이었다가 선진국이 된 유일한 나라라고도 할 수 있습니다. 물론 진정한 의미에서 선진국이 된 것은 아닙니다. 왜냐하면 소 프트웨어는 아직 선진국 수준에 다다르지 못했기 때문입니다. 하지만 하드웨어 분야에서 우리나라는 엄연히 최고의 선진국입니다.

OECD에서는 우리더러 '당신네 나라는 이제 선진국이오'라고 이야기를 해준다는데 정작 당사자인 한국인들은 아직도 자기네 나라가 개발도상국인 줄 알고 있다고 하더군요. 이런 이야기는 저로 하여금 항상 자국의 문화나 위상에 대해 자신 없어 하는 한국인을 떠올리게 합니다. 아직도 우리는 문화적인 패배감이나 열등감이 많습니다. 이 점은 뒤에서 계속해서 확인이 되니 그때 가서 또 보도록 하죠.

그런데 이런 진귀한 기록과 관련해서 제일 듣기 좋고 힘이 되는 것은 우리나라는 제국주의 경험을 하지 않고도 선진국이 된 유일한 나라라는 것입니다. 이것은 『한국인만 모르는 다른 대한민국』이라는 책을 쓴 경희대학교의 페스트라이쉬 교수가 한 이야기입니다. 저도 이 책을 읽고 크게 동감하고 배운 바가 많았습니다. 지금 서양의 많은 나라들과 일본이 선진국이 된 데에는 그들이 수많은 나라를 식민지로 만들고 그 나라들을 약탈해서 그것을 기반으로 산업을 일으킨 것이 큰 역할을 했을 것입니다. 생각해보십시오. 이들이 얼마나 나쁜 짓을 많이 했습니까? 이들이 가서 헤쳐놓은 곳은 쑥대밭이 되어서 지금도 그 나라들은 거기서 헤어나지 못하고 있습니다. 대표적인 예가 아프리카 아닙니까?

그러나 우리는 철저하게 우리 힘으로 여기까지 왔습니다. 다른 나라를 약탈하지 않고 우리가 노력해 이런 멋진 나라를 일군 것입니다. 우리는 다른 나라에 가서 제국주의 국가들처럼 심하게 나쁜 짓을 한 적이 없습니다. 물론 우리도 저지른 것이 있습니다. 베트남전에 가서 싸운 것이 그중의 하나입니다. 그런데 베트남 사람들이 이전에 자신들을 괴롭힌 한국을 용서하겠다고 하니 크게 문제가 되지 않을지도 모르겠습니다. 그러나 저는 우리 군인들이 베트남에서 어떤 일을 했는지 많이 들어 잘 알고 있습니다. 제가 보기에 아직도 반성해야 할 것이 많이 있는데 이 자리는 그것을 논의하는 자리가 아니니 그냥 넘어가기로 합니다.

이처럼 우리는 어디를 가든 부채가 없습니다. 어떤 나라에 가도 떳떳하게 이야기할 수 있습니다. 그리고 그들에게 희망을 줄 수 있습니다. '한국처럼 세계에서 가장 가난했던 나라가 이렇게 잘사는 나라가 되었으니 당신들도 우리처럼 할 수 있습니다'라고 말입니다. 제가 생각하기에 우리 민족이 하늘로부터 부여받은 소명이 있다면 바로 이것이 아닌가 하는 느낌이 듭니다. 우리보다 조금 뒤처진 나라의 사람들에게 희망을 주고 그들이 좋은 나라 만드는 것을 도와야 한다는 것입니다. 우리나라처럼 기적을 이룬 나라는 무언가 특별한 소명이 있어서 그렇게 된 것이지 그냥 그렇게 된 것이 아니라고 생각합니다.

그런데 한국의 미래는 더 놀랍습니다. 물론 이것은 예측입니다만 충분히 일리가 있습니다. 우리나라에 대해서 그동안 많은 예측이 있었습니다마는 저는 미국의 투자자문회사인 '골드만삭스'라는 회사가 내놓은 예측 하나만 보기로 하겠습니다. 이 회사는 우리 정부로부터 돈을 받고 조사한 것이 아니니 공정하게 했다고 생각됩니다. 이 이야기는 이제는 꽤 퍼져 있어 여러분들도 잘 알고 있을 것으로 생각됩니다.

이 회사에 따르면, 2050년이 되면 우리나라는 세계 7위의 경제 규모를 갖게 되고 세계 2위의 국민소득을 자랑하게 된다고 합니다. 그러니까 경제 규모는 10위 안에 들고 국민 개개인은 미국에 이어 가장 높은 소득을 이룩한다는 것입니다. 물론 여기에는 조건이 있습니다. 가장 중요한 조건은 평화통일을 이루어 남북이 경제적으로 잘 융합되어야 한다는 것입니다. 그런데 반드시 이렇게 될지는 몰라도 우리나라가 이 수준 근처에 가는 것은 확실한 것 같습니다. 그런데 저는 불행하게도 '조국의 이러한 영광된 모습'을 보지 못할 것입니다. 2050년이 되면 제가 100세 가까이 되어서 그때까지 살 것 같지는 않기 때문입니다.

강의를 할 때 이런 이야기를 하고 청중들에게 '이 예측을 믿을 수 있느냐'고 물으면 대부분의 청중들은 '아니요'라고 대답합니다. 우리나라가 그런 강대국이 된다는 것을 믿을 수 없다는 것이지요. 그러면 저는 다시 말합니다. '아니 세계 최빈국에서 선진국으로 격상한 나라가 왜 이런 일을 못 하겠느냐'고 말입니다. 지금 이 시점에서 2050년에 최고 선진국이 되는 것보다 1950년대 중반 이후부터 지금까지 온 것이 훨씬 더 어려운 것이었는데 사람들은 그걸 잘 모르는 것 같습니다. 그러니까 제가 보기에 한국인들은 아직도 자신들이나 자신들의 문화가 지닌 잠재력을 모르고 있습니다. 여전히 우리는, 못난 것까지는 아닐지 모르지만 문제가 많은 열등 민족 정도로 생각하고 있는 것 같습니다.

어떤 이들은 제게 한국인들이 갖고 있는 듯한 이런 패배감 혹은 열등감, 아니면 자조감의 실체가 있냐고 묻습니다. "최 교수, 당신은 한국인들이 자국에 대해 부정적인 생각을 많이 갖고 있다고 말하는데 그 증거가 있느냐" 하고 말입니다. 물론 있습니다. 있어도 큰 게 있습니다. 저는 이때 청중들에게 이렇게 물어봅니다. "지금 전체 한국인의 반 이상이 하고 싶어 하는 일이 무엇인지 아십니까?"라고 말입니다. 이렇게 물으면 답이 바로 나옵니다. 이민 가고 싶다는 것이지요.

다시 말해 한국인 중 반 이상이 이 나라가 싫으니 이민 가고 싶다는 것입니다. 아니 이게 어찌 된 일입니까? 다른 민족은 꿈도 못 꾸는 기적적인 일을 해놓고, 그래서 이 나라를 이렇게 멋지게 만들어놓고 본인들은 나라를 뜨겠다고 하니 말입니다. 우리보다 소득이 낮은 나라 사람들은 어떻게 하면 한국처럼 잘살 수 있을까 하면서 우리를 바라보는데 정작 그 주인공들은 자기 나라를 떠나겠다고 하니 이게 어찌 된 일이냐는 것입니다.

물론 이민 가고 싶어 하는 사람들의 심정을 이해 못 할 바는 아닙니다. 자녀들 교육 문제나 취직 문제, 병역 문제 같은 난제들이 있어 이 나라를 뜨고 싶어 하는 것을 잘 압니다. 그런데 다른 나라에 가면 편합니까? 외국에서 사는 게 어디 쉬운 일입니까? 외국은 여행 갈 때나 좋은 것이지 막상 거기서 살려면 어려운 문제가 많습니다. 저도 공부하느라 미국서 살아봤는데 타국 생활은 정말 힘듭니다. 그런데 이렇게 어렵게 이민을 갔다고 합시다. 이민 간 사람들이 무엇을 합니까? 노상 한국에서 무슨 일이 벌어지는가에 대한 것에만 관심이 있고 한국 사람끼리만 다닙니다. 몸은 한국을 떠났으되 마음은 안 떠난 것입니다.

우리는 이처럼 자국이나 자국 문화에 대한 자긍심이 약합니다. 자신들

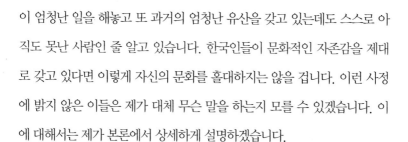

이 엄청난 일을 해놓고 또 과거의 엄청난 유산을 갖고 있는데도 스스로 아직도 못난 사람인 줄 알고 있습니다. 한국인들이 문화적인 자존감을 제대로 갖고 있다면 이렇게 자신의 문화를 홀대하지는 않을 겁니다. 이런 사정에 밝지 않은 이들은 제가 대체 무슨 말을 하는지 모를 수 있겠습니다. 이에 대해서는 제가 본론에서 상세하게 설명하겠습니다.

문기(文氣)와 신기(神氣)로 본 한국의 기적

앞에서도 말했지만 우리 한국인들은 이런 기적을 이루었건만 정작 본인들은 자신들이 한 일에 대해 그다지 관심이 없습니다. 그런데 외국, 특히 서양의 학자들은 한국이 행한 기적에 관심을 갖는 사람이 꽤 있었습니다. 그들의 눈에는 한국의 성공을 설명할 방법이 궁금했던 것입니다. 기껏 가발이나 만들어 팔고 손톱깎이, 오토바이 헬멧이나 수출해서 먹고살던 나라가 반도체, IT 산업, 철강, 조선, 자동차 등등에서 전 세계적으로 수위를 달리고 있으니 설명할 방법이 없었던 것이지요. 학급에서 꼴찌 하던 아이가 갑자기 1~2등을 하니 설명할 길이 없었던 것입니다.

이에 대해서는 그동안 많은 이론들이 있어왔지만 제가 많이 인용하는 것은 새뮤얼 헌팅턴이라는 미국의 저명한 정치학자가 한 이야기입니다. 헌팅턴은 정치학으로 유명한 사람이지요. 그가 쓴 『문명의 충돌』이라는 책은 1990년대에 큰 인기를 끌었습니다. 정치학과는 아무 관계 없는 저도 그 책을 읽었으니 말입니다.

이 책에 대해서 할 말이 많습니다. 내용이 좋은 게 많습니다. 물론 이 책의 주 내용은 인류 역사가 문명 간의 충돌로 점철되었다는 것이지요. 그래서 그는 이 책에서 지구상의 문명을 7~8개로 나눕니다. 그런데 재미있게도 그 문명을 나누는 것은 종교였습니다. 민족이 같아도 종교가 다르면 다른 문명이 되는 것이었습니다. 예를 들어 인도와 파키스탄은 원래 같은 민족이지만 종교가 달라 다른 문명권에 들어가게 됩니다. 인도가 힌두교를 믿는 인도 문명권이라면 파키스탄은 이슬람을 믿으니 이슬람 문명권으로 들어가야 하겠지요.

이 책에는 이 외에도 흥미로운 이야기가 많았습니다. 예를 들어 헌팅턴에 따르면 장차 중국은 강대국이 될 것이고 수십 년 뒤에 미국과 이 세계의 주도권을 놓고 한판 크게 붙게 됩니다. 이 책이 나왔을 때에 중국은 미국과 비교해볼 때 시쳇말로 '쨉'이 안 되었는데 그는 이런 예측을 한 것입니다. 그런데 30여 년의 세월이 지난 지금 보면 양국의 관계가 그처럼 흘러가고 있어 놀랍기만 합니다.

그런데 이 책에서 그가 우리나라와 관련해 아주 재미있는 예측을 내놓고 있어 대단히 흥미롭습니다. 그는 벌써 그때 한국은 앞으로 중국이 주도하는 중화문명권으로 회귀할 것이라는 예측을 내놓았습니다. 당시는 우리가 아직 중국과 수교도 하기 전이었습니다. 그런데 우리가 중국(그때는 중공)과 가까워진다고 하니 믿을 수가 없었죠. 그런데 이 예측 역시 지금 들어맞고 있지 않습니까?

그런데 이렇게 되는 과정에 변수가 하나 있답니다. 남한에 있는 1,000만 명 이상 되는 친서방계 인구가 그 변수라고 합니다. 이들이 누굴까요? 바로 기독교인입니다. 이들은 아마도 한국이 중국의 울타리로 들어가는 것을 싫어할 겁니다. 헌팅턴은 이 부분에 대해서는 더 이상 거론을 하지 않았습니다. 그러나 어떻든 그 이른 시기에 어떻게 30년 뒤에 나 일어날 일을 예측했는지 신기하기만 합니다.

제가 오늘 이야기하고 싶어 하는 것은 사실 이 책에 대한 것이 아닙니다. 저는 이 『문명의 충돌』이라는 책을 재미있게 보아서 그가 낸 다른 책을 또 사서 보았습니다. 『문화가 중요하다(The Culture matters)』라는 책이 그것입니다. 이 책의 서문에서 그는 재밌게도 또 우리나라의 경우를 예로 들고 있었습니다. 한국이 어떻게 해서 경제 개발에 성공했는가에 대해 문화적으로 접근하고 있었습니다.

헌팅턴은 어떤 기회에 1960년대의 아프리카 가나와 한국의 국민소득을 비교하게 되었답니다. 그때 우리의 1인당 국민소득이 몇 달러나 되었을까요? 이런 질문을 하면 젊은 사람들은 전혀 감을 못 잡습니다. 놀랍게도 100달러가 조금 안 되었습니다. 그러니까 전쟁이 끝난 직후와 그리 달라진 게 없었습니다. 국민 한 사람이 1년 동안 버는 돈이 지금 돈으로 10만 원 남짓이었으니 지독히도 가난한 시절이었습니다. 저도 그때 살고 있었습니다마는 당시는 다 못살았기 때문에 우리나라가 가난한 나라라는 것을 몰랐습니다. 다들 못사니 사람은 태어나면 이렇게 사는 것이구나 하는 생각을 했던 것이지요. 그런데 지금 생각해보면 당시는 정말 못살았습니다. 그러나 독자 여러분들이 못살았다는 타령은 그만하라고 할 것 같아 더 이상의 설명은 하지 않겠습니다.

헌팅턴이 의문을 가진 것은 1990년대 초에 있었던 변화입니다. 왜냐하면 놀랍게도 1990년대 한국인의 1인당 국민소득은 가나 사람의 그것보다 15배나 되어버렸기 때문입니다. 그가 생각하기에 가나와 한국은 똑같이 오랜 식민지 지배 끝에 해방되어 가난하기 짝이 없었고 국내 정치는 매우 불안하여 발전 가망성이 전혀 보이지 않는 국가들이었습니다. 그런데 한국만 성공했으니 이게 어찌 된 일이냐는 것이었지요.

그래서 헌팅턴은 한국과 가나가 어떻게 다른가를 분석해보았습니다. 그러니까 어떤 다른 점 때문에 한국이 가나보다 15배 잘살게 됐느냐는 것이었죠. 그 결과 그는 그 다름을 두 글자로 이야기합니다. 그게 과연 무엇이었을까요? 그것은 바로 한국은 가나와 '문화'가 다르다는 것이었습니다. 그런데 그가 드러내놓고 말하지는 않았지만 그가 정말 말하고 싶었던 것은 한국의 문화가 가나의 문화보다 나았을 것이라는 점입니다. 부연해 설명해보면 한국의 문화는 가나의 그것보다 더 정치(精緻)하고 세련되었다는 것이겠죠.

저는 바로 이 '다름'에 대해 살펴보려고 합니다. 그러니까 우리 한국 문화가 다른 나라 문화와 어떻게 다른가, 혹은 어떻게 뛰어났는가를 보겠다는 것이지요. 한국 문화는 어디가 어떻게 출중해서 다른 나라들이 해내지 못한 기적을 연출했는지 탐구해보겠다는 것입니다. 한국의 전통 문화는 엄청나게 뛰어납니다. 그런데 한국은 역사가 아주 길고 문화가 깊어 그 유구한 문화를 간단하게 표현하기가 힘듭니다.

저는 이 유구하고 찬란한 한국의 문화를 표현해보려고 노력을 한 끝에 그것을 두 단어로 축약해보았습니다. 이렇게 단순화하는 것에 문제가 있을 수 있지만 일반 독자들이 이해하기에는 이렇게 하는 편이 쉬워 한 번 해보았습니다. 그 두 단어란 바로 '문기(文氣)'와 '신기(神氣)'입니다.

여기서 '문기'란 상층 문화에 흐르는 기운을 말하는 것으로서 뛰어난 문자의 발명이라든가 인쇄문화의 괄목할 만한 성장, 역사나 기록을 충실히 보존하려는 정신 등을 말합니다. 반면 '신기'는 한국인들이 내면적으로 갖고 있는 어떤 폭발적인 힘, 즉 엄청난 에너지를 말합니다. 제가 보기에 한국 문화는 이 두 원리가 새끼 꼬이듯 합쳐져 만들어진 것이라 할 수 있습니다.

저는 이 원리를 바탕으로 한국 문화를 새롭게 조망한 책 두 권을 이미 낸 바가 있습니다. 이 책들이 생각만큼 잘 팔리지는 않았습니다마는 적지 않은 사람들이 이 문기와 신기라는 원리에 동감을 표했습니다.

그런데 나중에 보니 제가 한 것과 같은 이야기를 한 사람이 또 있더군요. 투자의 귀재로 불리는 워렌 버핏입니다. 그는 2011년에 한국에 온 적이 있는데 그때 이런 말을 합니다. "한국은 성공할 수밖에 없는 나라이다. 왜냐면 브레인과 에너지가 넘치는 나라이기 때문이다."라고 말입니다. 여기서 '브레인'은 '문기'를, '에너지'는 '신기'를 나타내는 것으로 보면 제 설명과 꼭 맞아떨어집니다. 버핏은 사업가이지만 세계적인 인물이라 통찰력이 대단하더군요. 한국 문화의 핵심을 꿰뚫었으니 말입니다.

저는 이렇게 서양 사람들의 말을 인용하는 것을 그리 좋아하지 않습니다. 게다가 저는 그래도 학계에 있는데 버핏 같은 사업가의 말을 인용하는 것은 더더욱 그렇습니다. 그러나 이렇게 서양 사람들의 입을 빌려서 말하지 않으면 한국인들은 당최 말을 듣지 않습니다. 서양인 말만 신봉하니 한국인들은 모두 문화제국주의의 희생자들이라 할 수 있겠습니다.

이제 이 두 원리를 가지고 한국 문화를 설명해보려 합니다. 먼저 문기를 가지고 시작하겠습니다. 그런데 본격적으로 우리 문화에 대해 보기에 앞서 한 가지 밝혀두고 싶은 게 있습니다. 우리 한국인들이 흔히 오해하는 것인데 이것만큼은 꼭 바로잡았으면 합니다. 이것은 다음과 같은 명제입니다.

'한국은 후진국이었다가 선진국이 된 것이 아니라 본래부터 선진국이
었다가 잠깐 바닥을 치고 다시 제자리로 돌아가는 중이다.'

이게 무슨 말일까요? 흔히 우리 한국인은 한국이 후진국이었는데 개발
도상국을 거쳐 선진국 근처에 온 것으로 생각하고 있습니다. 그런데 이것
은 사실이 아닙니다. 아니, 사실이 아니라기보다 매우 편협한 시각입니다.
전체를 본 것이 아니라 극히 일부분만 본 것이기 때문입니다.

우리 역사와 문화에 대한 자존감 회복의 필요성

그러면 지금 말하는 전체는 무엇일까요? 우리 역사 전체를 보면 우리나라
는 삼국시대부터 적어도 조선 초까지는 선진국이었습니다. 어떤 서양 학
자는 한국은 대대로 세계의 13대 선진국 중의 하나였다고 아주 구체적으
로 말하더군요. 제가 강의할 때 이런 말을 하면 못 믿겠다고 하는 사람이
많습니다. 현재 한국 사람들이 하는 짓을 봐서는 우리나라가 선진국이었
다는 것을 못 믿겠다는 것입니다.

그러나 가만히 생각해보십시오. 세계에서 가장 훌륭한 문자를 가진
나라가 어떻게 후진국이나 개발도상국일 수 있습니까? 또 인류 역사상
최초로 금속활자를 발명한 민족이 어떻게 후진국 백성이 될 수 있습니
까? 저는 이 주제를 보다 더 효과적으로 설명하기 위해 구체적인 예를
많이 드는데 그중의 하나가 고려청자입니다.

한국인들은 워낙 고려청자에 익숙해 그게 별것 아니라고 생각하는

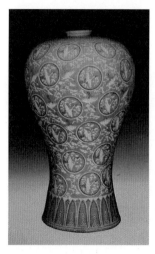

대표적인 고려청자인 상감운학문매병(국보 제68호, 간송미술관 소장)

것 같습니다. 우리 한국인들은 어릴 때부터 고려청자에 관해 숱하게 들어 이 그릇이 얼마나 대단한 것인지를 모릅니다. 게다가 지금도 용산에 있는 국립중앙박물관에 가면 얼마든지 무료로 이 그릇을 볼 수 있어 그 희소가치를 잘 모릅니다.

그러나 청자는 그렇게 단순한 그릇이 아닙니다. 청자는 인류가 지금까지 만들어낸 그릇 중 가장 훌륭한 것 가운데 하나입니다. 청자는 분류하면 자기(瓷器)입니다. 도기(陶器)가 아니라는 것이지요. 이 둘을 합쳐서 우리는 '도자기'라고 통칭하는데 이 중에 자기가 더 만들기 어려운 그릇입니다. 만드는 기술이 까다롭기 때문입니다. 그래서 이전에 이 기술을 가진 나라가 거의 없었습니다. 그 어려운 점을 다 말씀드릴 수는 없고 한두 가지만 이야기해볼까 합니다.

우선 자기 만드는 흙을 찾기가 쉽지 않습니다. 고령토(중국어로는 카

올린)로 불리는 이 흙은 열을 섭씨 1,300도까지 견뎌냅니다. 쇠도 1,500도에는 녹고 청동도 800도면 녹아내리는데 이 흙은 1,300도까지 견뎌내니 대단한 것입니다. 그리고 가마 만드는 기술도 쉬운 게 아닙니다. 가마 속 온도를 1,300도까지 올리는 것도 쉬운 기술이 아니고 가마 속 전체를 고른 온도로 유지하는 것도 아주 어려운 기술입니다.

그 외에도 유약 제조 등 어려운 기술이 필요하지만 자세한 것은 생략하고 이런 기술이 얼마나 발전된 기술인지에 대해서만 보기로 합니다. 독자들의 이해를 돕기 위해 이 기술을 현대의 기술과 비교해보면, 이 청자 만드는 기술의 난도는 반도체나 나노 기술처럼 몇 나라만 갖고 있는 하이테크에 비교할 수 있습니다. 세계 최고의 기술이라는 것이지요. 그러니 당시에 이런 기술을 가진 나라가 별로 없었습니다. 아니 별로 없었다기보다 당시에 전 세계에서 고려와 중국만이 이 기술을 갖고 있었다고 해야 합니다(당시 일본도 이 기술을 갖지 못했습니다).

유럽인들 역시 이 기술을 몰라 청자 같은 자기를 만들지 못했습니다. 그래서 줄곧 중국에서 이 그릇들을 수입해다 썼습니다. 그러니 얼마나 답답했겠어요? 그러다 그들이 자기를 만드는 데에 성공한 것은 1709년의 일이었습니다. 독일의 작센 지방에서 만들었지요. 그러니까 유럽인들은 18세기에 들어와서야 이 그릇을 만든 것입니다. 그런 그릇을 우리나 중국은 어떻게 했습니까? 12~13세기에 벌써 청자 전성기를 이루어 심지어 기와까지 청자로 만들어 쓰지 않았습니까?

이 외에도 당시 고려가 선진국이었다는 징표는 많이 있습니다. 나중에 다시 보겠지만 최고(最高)의 대장경을 만들었고 금속활자를 세계 최초로 만들었으니 이런 나라가 세계적인 선진국이 아니면 어떤 나라가 선진국이겠습니까? 이런 기세는 조선 초로 이어졌고 이 기운을 받아 조선에서는 전 세계적인 명품인 한글을 만듭니다. 조선에서도 수준 높은 문화물들이 많이 만들어지는데 어떻든 그렇게 계속 가다가 우리가 본격적으로 고꾸라지기 시작한 것은 1800년부터입니다. 이 해는 정조가 죽고 순조가 즉위한 해입니다. 조선은 이때부터 본격적으로 내리막길에 들어서기 시작합니다. 붕당정치의 폐단이 계속 심화되어 나라가 심히 쇠약해져 결국 나라를 일본에게 빼앗기고 맙니다.

그렇게 해서 우리는 혹독한 식민지 시기를 거쳤고 그것도 모자라 6 · 25 전쟁이라는 미증유의 참혹한 전쟁을 거치면서 완전히 바닥을 쳤습니다. 완전히 바닥까지 갔으니 더 내려갈 데도 없었죠. 그렇게 해서 한국은 세계에서 가장 가난한 나라가 된 것입니다. 그러나 1960년대가 되면서 한국은 서서히 제자리로 돌아가기 시작했고 50~60년 만에 옛 모습을 상당 부분 회복했습니다. 그리고 앞으로 몇십 년이 지나면 완전히 옛 모습을 되찾을 것으로 생각됩니다.

이 비슷한 예가 또 있는데 중국이 바로 그렇습니다. 모두 알다시피 중국은 전근대 시대 때 세계적인 선진국이지 않았습니까? 그러다 20세기 전후로 바닥을 쳤습니다. 그 뒤로는 공산주의 혁명을 겪으면서 아주 혼란해졌다가 1990년대부터 정리를 하고는 지금은 빠르게 제 모습을 찾아가고 있는 중입니다. 그래서 하는 소리인데 옛말에 "개천에서 용 난다."라는 말이 있지 않습니다. 그런데 이것은 맞지 않는 소리인 것 같습니다. 만일 정말로 어떤 개천에서 용이 났다면 그 개천은 무언가 특별한 점이 있는 개천일 겁니다. 우리나 중국이 이렇게 비약하게 된 것은 우리나 중국의 과거가 남달랐기 때문입니다.

그러니까 여러분들, 제발 이제 후진국 백성 노릇 좀 그만합시다. 제 눈에 우리 한국인은 아주 고귀한 집안의 자손인데 그것을 다 잊고 자신이 천한 집안의 자식인 줄 알고 사는 사람 같습니다. 그래서 당최 자기 나라의 역사나 문화에 대한 긍지나 자존감이 약합니다. 이것은 우리만 잘났다는 것이 아닙니다. 스스로를 높일 줄 아는 사람만이 다른 사람을 높일 줄 압니다. 우리가 정당하고 건강한 자존감(self-esteem)을 가질 때 비로소 세계의 다른 나라들이 우리를 존중해줄 겁니다. 지금처럼 우리가 우리 것의 소중함을 모른다면 세계인들은 우리를 존중하지 않을 겁니다. 우리가 세계인들에게 존중을 받으려면 우리 것부터 잘 알아야 합니다. 그래서 자신을 존중할 줄 알아야 합니다.

1부

한국의 놀라운 문기(文氣) 정신

| 1 |

한국의
세계기록유산

드높은 문기 정신

이제부터 우리는 한국의 드높은 문기 정신에 대해 보기로 하겠습니다. 지금까지 저는 우리나라가 문화적 수준이 대단히 높은 나라였다고 계속해서 강조했습니다. 그런데 말로만 이야기하면 무엇합니까? 증거를 보여줘야지요. 그런데 우리나라의 문화 수준이 높았다는 것을 객관적으로 증명할 수 있는 자료가 있습니다. 우리만 인정하는 것이 아니라 세계가 인정한 그런 자료 말입니다.

이것을 제시하는 일은 아주 단순합니다. 유네스코가 선정한 세계기록유산을 보여주면 되기 때문입니다. 유네스코에서는 세계적인 유산들을 선정해 보호하는 데 앞장서고 있는데 그 가운데 기록유산은 전 세계가 같이 보호해야만 하는 기록을 말합니다. 예를 들어 우리의 『조선왕조

실록』처럼 인류 문화의 금자탑을 상징하는 그런 책들을 선정해 범인류적으로 보존하는 것이 유네스코의 취지입니다.

그런데 책이라는 게 무엇입니까? 책은 인류 문화의 핵이라 할 수 있습니다. 문화와 책은 구분할 수 없을 정도로 바싹 붙어 있습니다. 책을 중심으로 인쇄문화나 출판문화가 발달된 나라는 어김없이 선진국에 들어가 있습니다. 그런 면에서 책은 대단히 중요한 상징물이라 할 수 있습니다. 따라서 최고의 수준을 자랑하는 책을 많이 갖고 있다면 그것은 수준 높은 문화를 갖고 있다는 것과 같다고 할 수 있습니다.

그러면 질문을 하나 하지요. 유네스코 세계기록유산에는 우리나라의 고서가 몇 개나 등재되어 있을까요? 이 질문에는 답을 하기 어려울 겁니다. 왜냐하면 등재되는 책의 수가 자꾸 늘어나기 때문입니다. 2년 단위로 달라지는데, 2015년 11월 현재 유네스코에 등재된 한국의 세계기록유산은 13개입니다. 이렇게 말하면 여러분들은 이 수가 많은 건지 적은 건지 모르실 겁니다. 그래서 저는 그다음 질문을 합니다. 13개라면 전 세계적으로 순위가 어떻게 되겠느냐고 말입니다.

이 질문에도 답하기가 쉬운 것이 아닙니다. 다 생소하기 때문입니다. 그래서 강의 때 답이 나오는 것을 보면 천차만별입니다. 그러니 그냥 답을 말해드리지요. 한국의 세계기록유산 등재 순위는 세계 4위입니다. 제가 강의할 때 이런 사실을 말해도 이 수치가 얼마나 대단한 건지 청중들은 잘 모릅니다. 그래서 그다음 질문을 던집니다. 전 세계에 국가가 몇 개나 있는지 아느냐고 말입니다. 4위라는 것이 어떤 의미를 갖는 것인지 알아보기 위해 이렇게 묻는 것입니다. 나라가 10개밖에 없는데 4위라면 별것이 아닌 것이고 나라가 100개 있는데 그중에 4위라면 대단한 것 아니겠습니까?

　그런데 지금 전 세계에는 250여 개나 되는 나라가 있다고 합니다. 여러분들이 생각하는 것보다 나라가 굉장히 많지요? 이 가운데 4위면 어떻게 됩니까? 바로 상위 2퍼센트 안에 듭니다. 이게 무슨 말입니까? 우리나라 문화는 상위 2퍼센트 안에 있을 정도로 뛰어나다는 것을 의미하는 것 아니겠습니까? 공부하는 것으로 따지면 항상 1, 2등을 다투는 것이 되니 얼마나 공부를 잘하는 것입니까? 우리 조상들이 이렇게 공부를 잘했습니다.

　더 놀라운 것은 아시아에서의 순위입니다. 강의 때 청중들에게 우리나라의 세계기록유산 수가 아시아에서 몇 위쯤 될 것 같으냐고 물어보면 대체로 2, 3위라는 대답이 제일 많이 나옵니다. 문명 대국인 중국이 있으니 중국을 능가할 수는 없지 않겠느냐는 생각에서 그렇게 답했을 것입니다. 그런데 놀라지 마십시오. 우리나라의 순위는 계속 1위였습니다. 중국마저 제친 겁니다.

　중국은 우리에게는 문화적으로 선생과 같은 나라입니다. 그런데 학생이었던 우리가 선생이었던 중국을 제친 것입니다. 물론 중국에는 우리나라보다 귀중한 책이 훨씬 더 많았겠지요. 그게 전란이나 사회주의 혹은 문화혁명을 하는 통에 죄다 없어져버린 겁니다. 전란의 와중에 불에 타기도 했을 테고, 특히 과거의 것을 다 없애버린 문화혁명의 후유증이 클 겁니다. 그때 중국은 문화적으로 엄청난 단절을 맛봅니다. 그래서 지도자를 잘 만나야 하는 법입니다.

　그런데 우리가 중국을 볼 때 조심해야 할 점이 있습니다. 중국을 하나의 나라라고 보아서는 안 된다는 것입니다. 중국은 한 나라가 아니라

한국의 세계기록유산 등재
순위는 세계 4위입니다.
더 놀라운 것은
아시아에서의 순위입니다.
놀라지 마십시오.
우리나라의 순위는
계속 1위였습니다.

하나의 세계라고 보아야 합니다. 인구가 13억이 넘을 뿐만 아니라 문화가 지극히 다양하니 그렇게 보지 않을 수 없습니다. 소수민족도 50개가 넘습니다. 그리고 지금은 그렇지 않겠지만 중국에는 서로 말이 통하지 않는 지역이 많았습니다.

그래서 중국은 하나의 세계 같다는 것인데 그 때문에 어떤 나라든지 중국과 비교하면 이겨낼 수가 없습니다. 한 나라가 세계하고 붙으면 당해낼 나라가 어디 있겠습니까? 그런데 그런 중국을 우리가 서책(書冊) 문화적인 면에서 제친 것입니다. 그러니 우리 한국은 얼마나 맹랑한 국가입니까? 중국에 붙어 있는 나라 중에 중국에 동화되지 않은 얼마 안 되는 나라일 뿐만 아니라 더 나아가서는 그들의 문화를 능가하고 있으니 말입니다.

아, 조금 다른 이야기인데 우리 한국인들은 우리나라가 작은 나라라고 생각합니다. 그런데 어떤 서양인이 그러더군요, 한국은 절대 작은 나라가 아니라고요. 만일 한국을 유럽에 가져다 놓으면 결코 작은 나라가 아니라는 것입니다. 실제로 우리 한반도의 면적은 영국, 뉴질랜드와 비슷하고 남한의 면적은 포르투갈과 비슷합니다. 그런데 영국이나 포르투갈보고 면적이 작다고 하는 사람은 없습니다.

우리가 우리나라가 작다고 생각하는 것은 한반도가 어쩔 수 없이 중국에 붙어 있기 때문입니다. 그러니 항상 중국과 비교가 되었고 그래서 작다고 생각하는 것입니다. 우리나라의 면적을 전 세계적으로 보면 한반도의 면적은 80위권이고 남한의 면적은 100위권입니다. 세계의 나라 수가 250여 개이니 한국은 면적으로 볼 때 중간보다 더 위쪽 속하게 됩니다. 그러니 객관적으로 보아도 한국은 절대로 작은 나라가 될 수 없습

한반도와 면적이 비슷한 나라(영국, 뉴질랜드)

니다. 앞으로 영토 면에서도 공연히 자괴감을 갖지 않으면 좋겠습니다.

다시 우리의 주제로 돌아가서, 중국의 세계기록유산 개수는 10개입니다. 우리보다 3개 적습니다. 그런데 일본은 어떨까요? 일본은 4~5개밖에 안 됩니다. 1개밖에 없던 것이 최근에 몇 개가 추가되어 간신히 네댓 개가 되었습니다(이 중에 하나는 공동 등재입니다). 이 사람들은 과거에 칼 가지고 싸움만 해서 책다운 책이 없는 모양입니다. 그래서 저는 그냥 드는 생각에 이제 일본은 그 힘을 다 써서 서서히 가라앉는 것 아닌가 하는 섣부른 추정을 해봅니다. 이제까지 그만큼 잘나갔으면 됐으니 그만 쉬고 지금부터는 우리 한국이 잘나가지 않겠는가 하는 생각도 드는데 진실 여부는 좀 기다려보아야 하겠습니다.

개수만 우리가 중국을 능가한 것이 아닙니다. 질적인 면에서도 우리 유산은 중국 것을 능가합니다. 우리나라 기록유산에는 『조선왕조실록(실록)』이나 『직지심체요절(직지)』, 그리고 '팔만대장경(대장경)' 등이 있지요? 이것들은 모두 중국에서 연원한 것들인데 다 중국을 능가했습니다. 이런 기록물들은 중국 것을 '카피'한 것인데 원본보다 더 낫다는 것입니다. 우리 조상들은 중국 것을 가져다 더 좋게 만들었으니 대단한 분들이라고 하겠습니다. 어떤 면에서 나은지는 곧 뒤에서 설명할 예정입니다.

이렇게 말하면 간혹 청중 가운데 "그 세계기록유산인가 뭔가 하는 거 우리만 열심히 등재하려고 하는 것 아닌가? 다른 나라들은 별 관심이 없는데······."라고 말하는 사람이 있습니다. 그러면 저는 '우리 한국인들이 참으로 문화적 열등감이 강하구나'라고 속으로 탄식합니다. 한국인들의 '2등 국가 의식'이 너무 강하다는 말입니다. 객관적인 자료로 우리나라가 잘났다고 말해주는데 여전히 '우리가 뭐가 잘났냐' 하고 있으니 말입니다. 열등감이 강한 사람은 옆에서 아무리 '당신은 잘난 사람이다'라고 해주어도 믿지 않습니다. 그리고 자기의 나쁜 면이나 부족한 면만 봅니다. 한국인들이 꼭 그 꼴입니다.

아니, 이 기록유산에 올리는 게 얼마나 어려운 줄 아십니까? 우리가 신청을 하면 유네스코 심사위원회에서 2년 심사를 하고 마지막에 심사위원 전원 일치로 통과되어야 등재가 되는 것입니다. 그래서 각 나라들은 하나라도 더 올리려고 혈안이 되어 있습니다. 이런 유산은 나라의 격을 높여주기 때문에 그렇게 열심히 하는 것입니다. 기록유산이 많을수록 더 문화적인 나라로 보이니 그런 것입니다.

세계기록유산의 왕국, 조선

다음은 우리의 세계기록유산들입니다. 이 강의에서는 이 중에 실록 등 5 개의 유산에 대해 설명할 예정입니다.

그런데 이 목록을 보면 재미있는 현상을 발견할 수 있습니다. 13개 가운데 조선 것이 8개나 된다는 것입니다. 한 왕조가 8개나 되는 세계기 록유산을 갖는다는 것은 대단한 것입니다. 인도가 갖고 있는 세계기록 유산이 7개이니 조선왕조는 그보다 더 갖고 있는 셈이 됩니다.

여기서 현대 한국인들이 조선에 대해 갖는 생각을 한번 짚어보았으 면 좋겠습니다. 많은 한국인들은 조선에 대해 그리 긍정적인 생각을 하 지 않는 것 같습니다. 조선 하면 떠오르는 게 당쟁만 하다 나라 뺏긴 멍

조선왕조실록(1997)
훈민정음 해례본(1997)
불조직지심체요절 하권(2001)
승정원일기(2001)
조선왕조 의궤(2007)
해인사 팔만대장경판 및 제 경판(2007)
동의보감(2009)
5·18 민주화운동 기록물(2011)
일성록(2011)
난중일기(2013)
새마을운동 기록물(2013)
한국의 유교책판(2015)
KBS 특별생방송 '이산가족을 찾습니다' 기록물(2015)

한국의 세계기록유산 등재 현황 (2015년 현재, 괄호 안 연도는 등재된 해)

청한 나라, 속이 밴댕이처럼 편협한 유학자들, 여성 억압만 한 왕조 등등의 이미지 아닌가요? 특히 여성들은 조선이나 유교를 싫어합니다. 여성 억압의 대명사처럼 되어서 그렇습니다.

한국인들이 조선을 달갑게 보지 않는 것은 충분히 이해할 수 있습니다. 우리 역사에서 이민족에게 나라를 빼앗긴 유일한 왕조이기 때문입니다. 그래서 저도 조선을 비판하려면 얼마든지 할 수 있습니다. 특히나 중국 문화를 절대적인 척도로 생각한 양반들을 생각하면 답답합니다. 그런데 이렇게 비판하는 게 능사는 아닙니다. 비판도 필요하겠지만 긍정적인 것도 반드시 보아야 합니다. 우리 한국인이 자국의 역사를 긍정적으로 보지 않으면 누가 대신 봐주겠습니까? 한국인들은 자국의 문화나 역사에 대해 쓸데없이 가학적인 면이 있습니다. 단점만 들춰내 스스로 못난 사람이라고 자부(?)합니다. 그럴 필요가 전혀 없는데 그렇게 하고 있습니다.

조선이 정치를 잘못해 나라를 뺏긴 건 맞습니다. 그런데 지금까지 인류 역사에 있던 나라 중에 정치를 잘못해 망하지 않은 나라가 어디 있었나요? 지금까지 인류 역사에 출몰했던 나라들은 전부 망했습니다. 마지막에 다 정치 잘못하다가 망한 것입니다. 그런데 왜 한국인들은 자신의 나라인 조선만 가지고 나라 망하게 했다고 비난하는 건가요? 중국은 그 역사를 보면 당쟁이나 권력쟁투가 너무 심해 300년 이상 간 왕조가 별로 없습니다. 그런데도 자국 역사를 부끄럽게 생각하는 중국인은 별로 없습니다. 그런데 우리는 조선이 500년 이상을 갔는데도 자부심을 갖기는커녕 그 더러운 왕조가 오래 지속됐다고 자조합니다. 서양 학자들은 조선은 매우 훌륭한 정치제도를 갖고 있어 500년 이상을 지속할 수 있었다고 하는데 우리는 그렇게 생각하지 않습니다.

이 문제와 관련해서 한국인들의 부정적인 조선관을 잘 보여주는 상징적인 사건을 한번 소개할까 합니다. 일전에 총리 후보로 발탁됐다가 여러 가지 구설수에 올라 낙마한 사람이 있었습니다. 그는 이런 말을 했습니다. "이조는 500년 동안 허송세월했다. 그래서 일본의 식민지가 되었다."라고 말입니다. 저는 이 이야기를 듣고 귀를 의심했습니다. 총리 후보로 나온 사람의 입에서 나온 말이라고 생각되지 않았기 때문입니다.

이 발언은 문제가 많습니다. 어떤 문제가 있을까요? 우선 '이조'라는 말은 쓰면 안 되지요. '이조'는 일본이 조선을 강제 합병하고 조선 황실을 왕실로 격하하면서 부른 이름이기 때문입니다. 동조할 데가 없어서 일제에 동조를 합니까? 그다음이 가관입니다. 조선 500년이 허송세월이랍니다. 참으로 대단한 발상입니다. 아니, 한글을 만든 왕조가 어떻게 허송세월을 한 왕조입니까? 이 사람이 이렇게 생각한다면 그는 한글을 써서는 안 됩니다. 그 외에 조선이 남긴 위대한 업적은 많습니다. 조선은 절대로 허송세월을 보낸 왕조가 아닙니다.

그런데 이런 생각을 하는 사람이 이 사람 하나에만 국한되었다면 아무 문제 없습니다. 문제는 우리 사회에 이렇게 생각하는 사람이 꽤 많다는 데에 있습니다. 바로 이런 사람들이 우리 문화에 대한 열등감이나 패배감을 갖고 있는 것입니다. 이 사람들은 이런 잘못 주입된 열등감을 갖고 있으면서 그와 동시에 서양에 대한 아무 근거 없는 선망의 감정을 갖습니다. 우리는 무조건 못났고 서양은 무조건 잘났다는 생각을 부지불식간에 하고 있는 것입니다. 그러나 다시 말하지만 조선은 폭이 넓지는 않지만 나름대로 아주 깊은 문화를 만들어냈습니다. 그 결과가 바로 세계기록유산의 대거 선정인 것입니다.

이제 기록유산을 보려 하는데 그 전에 하나 소개할 것이 있습니다. 세계인류무형문화유산에 관한 것입니다. 유네스코에서는 세계가 같이 보호해야 할 무형유산을 선정하는 작업을 오래전부터 하고 있습니다. 이쪽으로 오면 우리나라는 기록 수준이 더 상승합니다. 우리나라가 세계 3위에 달하니 말입니다(2015년 현재). 중국이 제일 많고 그다음이 일본, 그리고 우리 한국(18건)입니다. 어쩌다 우리 동북아 3국이 1, 2, 3위를 다 해버렸습니다. 그런데 중국은 다민족 국가이니 등재할 만한 게 얼마나 많겠습니까? 소수민족들의 민속음악이나 춤들이 모두 등재 대상이 되었으니 말입니다. 그러니 이 주제를 가지고 다른 어떤 나라도 중국에 필적할 수는 없을 겁니다. 사정이 그런데도 우리는 18개 항목으로 세계 3위에 올랐으니 얼마나 대단합니까?

뿐만 아니라 여기에 등재된 우리의 무형유산을 보면 그 종류가 아주 다양합니다. 종묘제례(악) 같은, 세계에서 둘째가라면 서러운 장엄한 왕실 제사(음악)가 있는가 하면 종교적인 것도 많습니다. 우선 영산재 같은 불교 유산이 있고 강릉단오제나 제주 영등굿 같은 무속(무교)적인 것이 있습니다. 그런가 하면 가무를 사랑하는 민족답게 음악 분야도 쟁쟁합니다. 판소리, 처용무, 가곡, 아리랑 등 네 가지나 있으니 말입니다. 그 외의 것은 민속적인 것입니다. 항목을 보면, 강강술래, 남사당놀이, 처용무, 대목장, 매 사냥술(이것은 우리나라만 등재한 것이 아니라 모로코, 스페인, 몽골, 벨기에, 체코 등과 공동으로 등재했습니다. 매 사냥술은 여러 나라가 공유하고 있는 사냥술이기 때문입니다.), 줄타기, 택견, 한산 모시 짜기, 김치와 김장 문화, 농악, 줄다리기(한국, 베트남, 필리핀, 캄보디아 공동 등재)

가 그것입니다.

　이렇게 보면 한국은 문화적으로 대단한 나라라고 할 수밖에 없지 않습니까? 세계적인 문화유산이 한두 개가 아니라 수두룩하니 말입니다. 이런 대단한 문화를 갖고 있는 나라의 국민들이 문화적인 열등감이나 패배감을 갖고 살고 있으니 이것은 도저히 이해할 수가 없습니다. 사태가 이렇게 된 것은 분명 한국인들이 자국 문화에 대해 무지한 데에서 비롯된 것일 겁니다. 그러니 우리는 우리 문화를 제대로 알아야 합니다. 이제 그것을 하나하나 면밀하게 보겠습니다.

| 2 |

세계 문자사에 유례가 없는 책
『훈민정음 해례본』

유네스코에 등재된 우리의 기록유산 가운데 최고를 꼽으라면 아마 대개
는 『훈민정음 해례본』을 꼽을 겁니다(1997년 등재). 이 책이 유네스코에 등
재된 이유는 간단합니다. 세계의 문자 역사상 유례가 없는 일로 이 책에
는 하나의 문자가 어떤 원리에 의해 만들어졌고 어떻게 사용하면 되는지
가 자세히 설명되었기 때문입니다. 그러니까 세종이라는 천재는 문자를
만드는 데에 그치지 않고 그 글자가 어떤 원리로 만들어졌으며 각 글자를
어떻게 발음하면 되는가를 상세하게 적은 책까지 만들어 대단하다는 것
입니다. 전 세계에 이런 문자는 없습니다.

　그래서 저는 종종 이렇게 말합니다. 한국인들은 세계에서 가장 문화
적인 민족 중의 하나라고 말입니다. 이것은 자화자찬처럼 들릴 수도 있
겠습니다. 그러나 한글이라는 위대한 문자를 쓰는 민족이 문화민족이
아니면 누가 문화민족이겠습니까? 그런데 문제는 그 사실을 우리 한국

인들은 제대로 알지 못하고 있다는 것입니다. 제대로 알고 있다면 한국인들이 한글을 사랑하고 아끼려고 많은 노력을 할텐데 현실은 그렇지 않으니 그렇게 말할 수 있는 것입니다.

우리 한국인들은 말로는 한글을 많이 자랑하고 아끼는 것 같습니다. 그런데 정작 실천에서는 많이 달립니다. 그런 모습 가운데 하나가 한글날과 관련된 것입니다. 여러분들도 아시다시피 한글날은 원래 국경일이면서 공휴일이었죠? 그래서 당연히 이른바 '노는' 날이었습

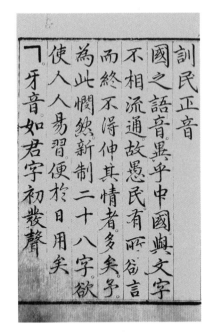

『훈민정음 해례본』
한글이 어떤 원리로 만들어졌으며 각 글자를 어떻게 발음하면 되는가 등을 상세하게 적은 책
(1997년 등재, 국보 제70호, 간송미술관 소장)

니다. 그러던 게 노태우 정권(1991년) 때 국경일 및 공휴일에서 제외되었습니다. 정부에서 공휴일이 많다며 휴일들을 정리하는 과정에서 한글날이 단순 기념일로 바뀐 겁니다. 그러다가 노무현 정권이던 2005년에 국경일로 회복은 되었습니다. 하지만 여타의 주요 국경일과는 달리 쉬는 날, 즉 공휴일로는 인정받지 못했습니다. 그러다가 마침내 2013년, 한글날은 22년 만에 공휴일 자격을 얻음으로써 비로소 국경일이자 국가지정 공휴일이 된 것입니다.

그런데 이게 말이 됩니까? 어린이날은 공휴일로 하는 나라가 그와는

비교도 안 되게 중요한 한글날을 경축하지 않는 것이 말이 되느냐는 겁니다. 이때 생각나는 사람이 있습니다. 미국 메릴랜드 대학교에 있는 언어학자 로버트 램지 교수입니다. 이분은 한글날이 되면 학생들과 함께 간단하게 파티를 연다고 합니다. 파티라고 해봐야 대단한 것은 아니고 아주 간단히 차려놓고 한글을 기렸다고 합니다. 그래서 왜 그런 파티를 하느냐고 물었더니 그의 답이 "이렇게 멋진 문자가 나온 날을 축하하지 않으면 어떻게 하느냐."라고 반문했다는 후문이 있습니다. 이렇게 외국 분도 한글날을 경축하는데 우리는 그동안 참으로 어이없는 짓을 했습니다. 그런데 왜 우리는 그렇게 한글에 야박했을까요?

이런 있을 수 없는 일이 생긴 것은 우리 국민들이 한글이 얼마나 위대한 문자인지 몰라서일 겁니다. 도대체 인류 문자사에 영원히 남을 금자탑을 쌓은 한글이 나온 날을 기리지 않으면 도대체 무엇을 하자는 것인가요? 저는 농담 반 진담 반으로 이렇게 말합니다. 한글날이 있는 주간은 한 주일 내내 공휴일로 하자고 말입니다. 이렇게 말하면 청중들이 박수를 치더군요. 특히 회사원들은 한 주 다 쉬자는 데에 큰 감명(?)을 받는 것 같았습니다. 물론 놀기만 하자는 것은 아니고 전국에서 한글 관련 행사를 하고 모든 한국인이 한글을 기리는 잔치를 하면서 보내자는 말입니다. 한글은 그만큼 위대한 문자이기 때문입니다.

다시 노파심으로 말씀드리는데 유네스코에 등재된 것은 한글이 아니라 『훈민정음 해례본』입니다. 더러 사람들이 한글이 유네스코에 등재된 것으로 오해하는 경우가 있는데 기록유산은 기록물만 해당하기 때문에 한글은 그 대상이 될 수 없습니다. 그런데 이 책이 발견되기 전에는 한글이 어떤 원리로 만들어졌는지 잘 모르고 있었습니다. 무수한 추측만 있었는데 이 책이 발견되면서 한글의 제자 원리를 확실하게 알게 됩니다. 뒤에서 다시 보겠지만 이 책에는 한글을 창제하게 된 동기나 원리, 사용법 등이 상세하게 적혀 있어 한글의 전모를 알게 된 것입니다. 참고로 말씀드리는데 '한글'이라는 단어는 세종께서 지으신 게 아니라 1910년대에 주시경 선생이 만드신 겁니다. 굳이 이 단어를 풀어보면 '한'은 '크다' 혹은 '바르다'는 뜻이니 '큰 바른 글' 정도가 되겠습니다.

이렇게 귀중한 책이 우리에게 전해지게 한 한 분의 영웅이 있습니다. 아마 아시는 분들도 많을 텐데 간송 전형필 선생이 그 주인공입니다. 이 책은 1940년에 안동에서 발견됩니다. 그것을 선생이 구입해서 지금껏 당신이 세운 간송미술관에 전해오고 있는 것입니다. 선생은 일제강점기에 우리 문화 보호에 앞장서신 분으로 이름이 높은데 다행히 집안이 부

간송 전형필 선생(1906~1962)
1940년 안동에 나타난 『훈민정음 해례본』을 거액을 주고 구입하고 지켜낸 문화 영웅이다.

유해, 사라지거나 다른 나라로 팔려 갈 뻔했던 유물들을 사서 직접 보관했습니다. 그런데 선생은 이 책을 구입할 때 엄청난 돈을 지불했다고 합니다. 소문에 따르면 당시 시세로 기와집 열한 채 값을 치르고 샀다고 하는데 지금으로 치면 중형 아파트 열한 채 값을 낸 거나 다름없겠습니다. 이 책은 너무나도 귀중한 유물이라 가격이 굉장히 셌던 모양입니다. 선생은 이 책을 아주 귀하게 여겨서 6·25 전쟁 때 피난 갈 때도 이 책만큼은 직접 지니고 가셨다는 후문이 있습니다. 우리에게 이런 어른이 계셔서 우리 문화가 이만큼이라도 보존되어 있는 것입니다. 이어지는 강의에서 간송 선생과 같은 영웅들을 더 만나게 될 겁니다.

한글 창제는 조선 왕실의 비밀 프로젝트

제가 여러분들께 자꾸 우리 한국인들이 한글에 대해 무지하다고 해 언짢을 수도 있겠습니다. 그럼 우리가 한글에 대해 얼마나 무지한지 한번 적나라한 예를 들어볼까요? 학교에서 국사를 배울 때 우리는 한글을 세종이 정인지와 같은 집현전 학사들과 같이 만들었다고 들었습니다. 그런데 이 주장은 잘못된 것입니다. 지금까지 연구된 바에 따르면 세종이 한글 만들기를 끝낸 것은 1443년 12월입니다. 그리고 그것을 공식적으로 반포한 것은 3년 뒤인 1446년 9월의 일이고 이때 『훈민정음 해례본』을 출간합니다. 그러니까 세종은 일단 한글이라는 새로운 문자를 만들고 3년 동안 준비를 완벽하게 해서 그 해설서와 함께 한글을 공식적으로 반포한 것입니다.

그러나 1443년까지 세종은 밖에 알리지 않고 왕실 안에서만 한글을 만들었습니다. 이렇게 추정할 수 있는 것은, 실록을 검색해보면 1443년 이전 기사에는 훈민정음에 대한 이야기가 전혀 나오지 않기 때문입니다. 그러다 1443년 12월에 갑자기 세종이 한글을 만들었다, 정확히 말해서 언문(諺文) 28자를 지었다는 기사가 실록에 처음으로 나타납니다. 그러곤 그다음 해(1444) 2월에 그 유명한 최만리가 한글 창제를 반대하는 상소를 올립니다. 한글이 창제된 지 약 3개월 후에 반대 상소문이 작성된 것이지요. 그런데 만일 최만리가 세종의 한글 창제를 미리 알고 있었다면 그 전에 상소를 했을 겁니다. 그러나 세종이 한글 창제를 비밀 프로젝트로 진행했기 때문에 최만리도 그 이전에는 몰랐을 것으로 추정할 수 있습니다. 최만리의 예를 통해 보아도 한글 창제는 비밀리에 이루어졌다는 것을 알 수 있습니다.

어떻든 1443년에 한글을 창제한 세종은 그다음 작업으로 자신의 마음에 맞는 정인지 같은 집현전의 젊은 학사들을 시켜 한글을 해설하는 책을 쓰라고 했을 겁니다. 그 기간이 3년이라는 짧지 않은 시간이었으니 아마 세종과 학사들 간에 많은 토의가 있었던 모양입니다. 이런 정황들을 모아서 종합해보면, 세종은 왕실의 '비밀 프로젝트'로 한글을 창제해 탄생을 알린 다음 후속 작업으로 집현전의 학사들과 같이 연구해 그 결과를 공포한 것으로 보입니다.

다시 말하면 원본을 만들 때에는 세종이 거의 혼자 왕실 안에서만 작업을 하다가 다 만든 다음에 해설서를 신하들과 같이 쓴 것입니다. 이렇게 보면 세종이 신하들과 같이 한글을 만들었다는 것은 부정확한 서술이라고 할 수 있습니다. 한글은 세종이 혼자 만들고 해설서를 신하들과 같이 썼기 때문입니다(사실 한글은 세종이 혼자 만든 것은 아니고 자식들이 많이 동원됩니다).

이 해례본의 서문에서 정인지는 이 새로운 문자는 '간략'하고 '요령'이 있어서 지혜로운 사람은 아침나절이 가기 전에 터득할 수 있고 어리석은 사람도 10일이면 배울 수 있다고 말하고 있습니다. 이것은 결코 과장이 아닙니다. 저도 실제로 외국인들을 대상으로 실험을 해보았는데 1시간 만에 자신의 이름을 적더군요. 물론 ㅀ 같은 어려운 받침은 그렇게 쉽게 터득할 수 없습니다만. 그런데 처음 배우는 외국 문자를 가지고 1시간 만에 자기 이름을 쓸 수 있다는 게 어디 가당한 일이겠

세종의 훈민정음 창제를 기록한 『조선왕조실록』 기사
"이달에 임금이 친히 언문(諺文) 28자(字)를 지었는데, 그 글자가 옛 전자(篆字)를 모방하고, 초성·중성·종성으로 나누어 합한 연후에야 글자를 이루었다. 무릇 문자(文字)에 관한 것과 이어(俚語)에 관한 것을 모두 쓸 수 있고, 글자는 비록 간단하고 요약하지마는 전환(轉換)하는 것이 무궁하니, 이것을 훈민정음(訓民正音)이라고 일렀다." (세종 25년 12월 30일)

습니까? 저도 중학교 1학년 때 영어를 필기체까지 외우는 데 한 달이 걸렸던 기억이 나는데 1시간 만에 외국 문자를 쓸 수 있다는 건 숫제 기적입니다. 이런 문자가 바로 한글이라는 것을 속히 우리 한국인들이 뼛속 깊이 알았으면 하는 바람입니다.

혁명의 문자, 한글

한글이 이처럼 엄청난 문자라는 것을 최근에 아주 쉽게 설명한 사람이 있습니다. 이 사람의 이름은 노마 히데키(野間秀樹)로 일본인입니다. 이분은 원래 현대미술가로 많은 작품 활동을 했습니다. 그러니까 한글이나 언어학과는 별 관계가 없던 사람입니다. 그러던 중 한글에 매료되어 30세쯤부터 언어학을 비롯해 한글을 새로 공부하기 시작했습니다. 그러다 2010년 『한글의 탄생 – 문자라는 기적』이라는 책을 썼는데 이 책은 일본 출판계의 큰 상인 '아시아태평양 대상'을 받게 됩니다.

이 책은 제가 지금까지 읽어본 한글에 관한 책 중 가장 놀라운 책이었습니다. 게다가 이분은 예술가였는데 이런 책을 썼다고 하니 새삼 일본의 학문 수준이 대단하다는 것을 알 수 있었습니다. 그는 이 책을 낸 당시 국내 한 일간지와의 면담에서 한글에 대해서 이렇게 이야기하더군요. "한글은 '나는 이런 문자다. 누구를 위해, 어떤 과정으로 만들어졌고, 나를 이렇게 발음해 달라'는 점을 스스로 밝힌 세계 유일의 문자다. 훈민정음에선 소리가 문자로 되는 근원을 접할 수 있다. 발성기관이라는, 소리가 나오는 근원으로 들어가서 형태를 찾아낸 것이다. 한글 스스로 이론 무장을 하는 과정이 고스란히 훈민정음에 남아 있다."(동아일보, 2010년 10월 28일)

그의 말이 조금 어렵습니다마는 쉽게 말하면 한글은 소리를 문자로 옮기고 그 과정이나 원리에 대해 상세히 밝힌 세계 유일의 문자라는 것이겠죠. 이처럼 소리를 가지고 문자를 만든 것은 한글이 창제된 15세기의 지적 전통과 완전히 차원을 달리하는 혁명 그 자체라고 그는 주장하

『용비어천가』(왼쪽) 한글 창제 이후 간행된 최초의 한글 문헌(보물 제1463-2호, 서울역사박물관 소장)

『석보상절』(가운데) 소헌왕후(세종의 비)의 명복을 빌기 위해 수양대군이 부처의 일대기를 집대성하고 한글로 번역한 책(보물 제523호 국립중앙도서관 소장)

『월인천강지곡』(오른쪽) 최초의 한글 활자본으로, 세종이 『석보상절』을 읽고 지은 찬가(보물 제398호, 한국학중앙연구원 소장)

고 있습니다. 한글은 자음과 모음을 만들어 이것을 초성과 중성과 종성으로 쓰고 여기에 성조를 부여했는데(이 성조는 나중에 사라집니다.) 이처럼 음절을 네 가지로 분석하는 사분법은 현대 언어학의 수준에 육박하는 놀라운 수준이라고 합니다. 현대 언어학에서나 나오게 되는 이 원리들을 세종은 자유자재로 썼다는 것이지요.

그런데 그의 비유가 참 재미있습니다. 한글의 탄생은 산수화의 세계에 컴퓨터그래픽이 등장한 것처럼 파격적이라는 것이 그것입니다. 소리로 문자를 만든다는 발상은 당시 언어사에서는 획기적이라는 겁니다. 그래서 한글의 탄생은 지적 혁명이라고밖에 설명할 길이 없다는 말입니다. 당시에는 한자밖에 모르던 시기인데 이것을 부순 것이 한글이니까요. 당시 사람(지식인)들은 '산'을 생각하면 '山'이란 한자밖에는 떠오르지 않았을 겁니다. 이것은 당연한 것입니다. 당시 지식인들은 한자를 떠나서는 자신들의 생각을 개념화하는 것이 불가능했기 때문입니다. 한자가 지(知) 자체였던 것이지요.

그런데 세종은 이 모든 것을 자음과 모음으로 해체해버렸다는 것입니다. '지'의 최소 단위까지 해체해 새로운 문자를 만듦으로써 '지'의 근간을 바꾼 것이라는 것이 그의 주장입니다. 그러니까 '山'을 'ㅅ + ㅏ + ㄴ'으로 바꾸어서 '산'으로 표기한 것입니다. 한자원리주의자였던 최만리가 반대한 것도 이것이었습니다. 소리로 글자를 만든다〔용음합자(用音合字), 즉 소리를 이용해 문자를 만든다.〕는 것은 있을 수 없다는 것이 그의 주장이었죠. 그러나 세종은 당시 지식인들의 선입견을 보기 좋게 깨버린 것입니다.

바로 이런 게 한글입니다. '혁명'이니 '획기적'이니 하는 단어가 아니면 설명할 수 없는 게 바로 한글인 것입니다. 세종의 업적은 한글의 창제에서 그치는 것이 아닙니다. 물론 그는 과학이나 음악, 농업 등의 분야에서도 인간의 한계를 넘는 업적을 남기지만 여기서는 문자에만 한정해서 설명하겠습니다. 세종은 한글을 창제한 후 곧 그 새로운 문자를 가지고 책을 펴냅니다. 『용비어천가』(1445년 완성, 1447년 출간), 『석보상절』(1447년 완성, 1449년 출간), 『월인천강지곡』(1449년)이 그것입니다. 이 책에 대한 내용은 생략하겠습니다. 제가 하고 싶은 이야기는 그 내용에 관한 것이 아닙니다. 제가 놀라는 것은 어떻게 새로운 문자를 만들자마자 곧 이 문자를 가지고 활자를 만들어 이런 멋있는 책들을 간행할 수 있었냐는 것입니다. 문자 만드는 일도 엄청 힘든 일인데 그 문자로 바로 책을 간행하다니 놀랍기만 합니다. 이것은 당시 인문학 수준이 최고조에

첫째, 어느 날 갑자기 생겨난 문자
둘째, 만든 사람과 반포일을 아는 희귀한 문자
 (1443년 세종 25년 창제, 1446년 반포)
셋째, 창제 원리나 배경을 아는 유일한 문자

달했기 때문에 가능한 일이었을 겁니다.

이렇게 갓 태어난 문자인 한글을 활자로 만들어 쓴 것도 대단하지만 더 대단한 것이 있습니다. 그 글자의 아름다움을 한번 보십시오. 글자체가 유려하기 짝이 없습니다. 이것은 디자인적으로 볼 때 대단한 것입니다. 이 글자체가 대단하다는 것은 이 활자들을 오늘날로 가져와 보면 알 수 있습니다. 이 글자체는 오늘날 그냥 가져다 써도 전혀 문제가 되지 않습니다. 아니 문제가 안 되는 정도가 아니라 오늘날 우리가 쓰는 어떤 글자체에도 그 디자인 감각이 뒤지지 않습니다. 컴퓨터에는 '명조체'니

'고딕체'니 하는 식으로 다양한 글자체가 있지요? 이런 글자체(혹은 폰트)들과 비교해도 그 아름다움이 전혀 밀리지 않는다는 것입니다. 아니 제 눈에는 외려 이때의 글자체가 더 좋습니다.

그런데 이 일이 얼마나 대단한 일인지 아는 이가 그리 많지 않습니다. 문자를 발명하고 그 문자를 활자로 만들었는데 최고의 것이 나왔다는 것은 정말로 대단한 일 아닙니까? 당시의 문화 수준이 얼마나 높았으면 이런 거대한 일을 무더기로 할 수 있었을까요? 새로운 글자체를 만드는 일은 정말로 쉬운 일이 아닙니다. 예술적으로 엄청난 역량이 쌓여야 가능한 일입니다. 이것은 조금 전문적인 일이라 이 분야에 생소한 이들은 이해하기가 힘들지 모르겠습니다. 그런 분들의 이해를 돕기 위해 예를 하나 들어볼까요?

MS 워드 프로그램으로 영어(정확히 말하면 로마자)를 쳐서 인쇄한 것과 '훈글' 프로그램으로 영어를 쳐서 인쇄한 것을 한번 비교해보십시오. 현격한 차이가 있는 것을 아실 겁니다. MS 것은 디자인이 아주 좋게 나온 반면 우리 것은 엉성하다는 느낌이 드는 것을 부인할 수 없습니다. 이것은 당연한 것입니다. MS 쪽은 영어가 주 언어이기 때문에 그동안 서양에서 최고로 발달된 서체를 가져다 썼을 터이니 그럴 수밖에 없는 것입니다. 그에 비해 우리 훈글 프로그램은 영어 서체에는 한글만큼 신경을 쓰지 않았을 터이니 그 정도의 서체밖에는 나오지 않는 것입니다.

이렇게 디자인이라는 것은 아무것도 아닌 것 같지만 그 엄중함이 상상을 뛰어넘습니다. 우리가 아무리 멋있는 옷을 만들려 해도 당최 프랑스나 이태리의 수준을 따라가지 못하는 것도 같은 이치입니다. 저들의 디자인 수준을 따라가려면 얼마나 많은 세월이 걸릴지 아무도 모릅니

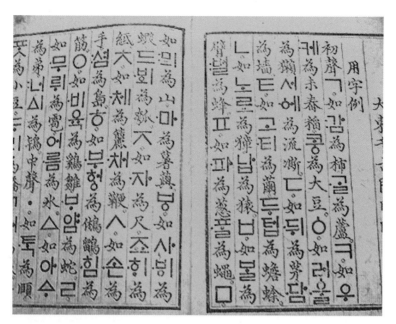

「훈민정음 해례본」의 한글 글씨체(간송미술관 소장)

다. 그런데 세종은 단번에 최고 수준의 디자인 감각을 자랑하는 서체를
만들어냈습니다. 그래서 대단하다는 겁니다.

이런 일이 가능했던 것은 물론 세종이 천재라서였겠지만 당시 조선
의 문화적 수준이 세계 최고였기 때문입니다. 그리고 조선 초의 수준이
이렇게 높을 수 있었던 것은 고려의 문화가 워낙 뛰어났기 때문이라고
보아야 합니다. 또 고려 말기의 문화가 뛰어날 수 있었던 것은 100년 동
안 원의 지배를 받으면서 당시 세계 최강의 제국인 원으로부터 세계 최
고의 문화를 받아들인 결과일 것입니다. 조선 초의 문화가 이렇게 뛰어
날 수 있었던 것은 고려의 제국 체험 덕에 가능했다는 것은 몽골 역사를
전공한 학자들이 주장하는 설인데 충분히 일리가 있는 이야기로 생각됩

니다. 사실 조선의 전 역사를 보면 조선 초를 능가하는 시기가 없으니 이런 식의 해석도 충분히 가능할 것이라는 생각입니다.

한글 이야기는 더 있습니다. 노마 히데키의 날카로운 관찰에 따르면 한글의 글자체들은 한자의 서체처럼 붓으로 쓴 것을 본뜬 것이 아니라 펜으로 쓴 것처럼 만들었습니다. 여기에도 이유가 있는데 이것은 세종이 붓글씨를 쓸 줄 모르는 백성들을 배려한 것이라고 합니다. 당시 평민들은 붓글씨를 배울 수 없었기 때문에 세종이 그것을 고려해 백성들로 하여금 그냥 막대기 같은 것으로 손쉽게 쓸 수 있게 평이한 서체를 만들었다는 것입니다. 사실 그런 눈으로 당시의 서체를 보면 한자처럼 삐치고 꺾고 하는 것이 없고 대부분 직선으로 단순하게 글자를 만든 것을 알 수 있습니다. 쉽게 배워 쉽게 쓰라는 것이지요. 이런 요소들이 한두 가지가 아닙니다. 그러나 한글에 대해서만 쓸 수 있는 처지가 아니니 예서 그치려 합니다. 이 정도만 해도 독자 여러분들은 한글에 대한 새로운 이해를 할 수 있지 않을까 싶습니다.

간략하게 보는 한글의 제자 원리

이 정도만 보아도 한글이 얼마나 우수한 문자인지 알 수 있었습니다. 그러나 한글을 제대로 이해하려면 이것만 가지고는 안 되고 한글의 제자(制字) 원리에 대해서도 알아야 합니다. 흔히들 한글은 세계에서 가장 과학적인 문자라고 하는데 어떤 면에서 그런지 이것을 제대로 아는 한국인은 참으로 드뭅니다. 제가 이 주제에 대해 많은 강연을 했지만 이 문제에 대답을 하는 한국인은 한 명도 보지 못했습니다. 그만큼 우리는 한글에 대해 무지합니다.

한글이 어떤 면에서 우수한가를 알려면 인류의 문자 발달사를 보아야 합니다. 이 역사는 매우 복잡하겠지만 아주 단순하게 보면, 인류는 한자와 같은 상형문자로부터 문자 생활을 시작했을 겁니다. 그런데 한자의 문제는 무엇입니까? 여러 문제가 있겠지만 간단하게 보면 대체로 두 가지로 축약할 수 있습니다. 우선 글자 수가 너무 많고 쓰기가 힘들다는 것입니다. 지금 사전에 나와 있는 한자의 총수가 5만여 자가 된다고 하니 그 글자들을 다 안다는 것은 불가능에 가깝다고 할 수 있습니다. 게다가 외래어가 들어오면서 새로운 글자가 생겨 글자 수가 자꾸 늘어나니 문제가 더 심각해집니다. 그런데 이 문제는 아주 심각한 것은 아닙니다. 글자 수를 제한해서 쓰면 되기 때문입니다.

진짜 심각한 문제는 다른 데에 있습니다. 이 문제에 대해서 한자에 익숙한 한국인들은 잘 눈치채지 못합니다. 한자는 문자로서 가장 나쁜 단점이 있는데 그것은 글자를 보아도 발음을 모른다는 것입니다. 선뜻

쓰지 않으나 발음은 할 수 있는 우리 글자의 한 예

수긍하기가 힘든가요? 우리 한글이나 영어는 어떻게 쓰든 읽을 수 있습니다. 제가 많이 드는 예는 '뼐'과 같은 글자입니다. 이 글자는 우리말에서 전혀 쓰지 않는 글자입니다마는 읽을 수는 있지 않습니까? 이것은 영어도 마찬가지이고 일본어도 같습니다.

그런데 한자를 좀 보십시오. 제가

비슷하게 생긴 세 한자

지금부터 비슷하게 생긴 글자 세 개를 보여드릴 터이니 그 글자의 발음을 말해주시기 바랍니다. 우선 '西' 자입니다. 이 글자의 발음은 다들 아시지요? 설마 이 글자의 음이 '서'라는 것을 모르는 분은 없겠지요? 그런데 그다음 글자부터 조금 어려워집니다. '酉', 이 글자의 발음은 무엇일까요? '西' 자 닮은 이 글자의 발음이 무엇이냐는 겁니다. 이 글자는 50대는 되어야 그 발음을 아는 것 같습니다. 발음은 '유'이고 뜻은 '닭'입니다. 이 글자는 보통 때는 잘 쓰지 않고 계유(癸酉)처럼 십간십이지를 쓸 때에나 등장합니다.

여기까지는 괜찮습니다. 그다음 글자를 보십시오. 이 글자도 '西' 자와 비슷하게 생겼습니다. '茜'이라는 자인데 저는 이 글자의 발음을 아는 사람을 한 번도 본 적이 없습니다. 발음은 '천'입니다. 西 자와 아주 비슷하게 생겼지만 발음은 완전히 다릅니다. 이처럼 한자는 글자를 보아도 음을 알 수 없는, 어떤 면에서는 최악의 문자가 되었습니다(그런가 하면 한자는 다른 문자가 갖고 있지 못한 엄청난 장점도 있습니다. 가령 '道' 자처럼 글자 하나가 엄청난 뜻을 갖고 있는 점이 그것입니다. 그리고 디자인도 아주 훌륭합니다).

한자는 이렇게 글자를 보아도 발음을 알 수 없기 때문에 중국 정부는 역대로 골머리를 앓았습니다. 문맹률이 낮아지지 않으니 말입니다. 이것은 글자를 봐도 음을 모르니 어쩔 수 없었던 일입니다. 한자의 이런 문제 때문에 현대에 들어와 중국 정부는 특단의 조치를 취합니다. 발음기호를 도입한 것입니다. 중국 아이들은 초등학교에 들어가면 로마 글

문자	자음	모음	표음문자의 구분
か 일어	−	−	음절문자 '자음과 모음'(음소)이 분리되지 않음
Ka 영어	K	a	음소문자 '자음과 모음'이 분리됨
카 한글	ㅋ	ㅏ	음소문자, 음절문자 '자음과 모음'이 분리됨, 소리를 상형함

표음문자의 진화 모습

자, 즉 영어부터 배운다고 합니다. 영어를 배우려고 그러는 것이 아니라 발음기호로 쓰기 위해 배우는 것입니다. 그래서 그들의 교과서를 보면 한자 밑에 로마자로 발음을 적어놓았습니다. 그런데 생각해보십시오. 제 나라 글을 배우는데 왜 남의 나라 글자부터 배워야 합니까?

이러한 상형문자의 불편함 때문에 인류는 '표음문자'를 발명하여 쓰기 시작합니다. 표음문자란 글자가 뜻과는 관계없이 발음만 표현하는 문자를 말합니다. 표음문자에는 음절문자와 음소문자가 있는데 먼저 음절문자부터 보지요. 전문적으로 설명할 수도 있지만 간단하게 말해서 음절문자란 아직 자음과 모음이 분리되지 않은 문자를 나타낸다고 보면 되겠습니다.

조금 어렵게 들릴 수 있겠지만 예를 들어보면, 일본인들이 쓰고 있는 히라가나 혹은 가타카나라고 불리는 이 문자가 바로 이 표음문자의 초기 예에 속합니다. 일본의 문자에서는 자음과 모음이 나뉘지 않습니다. 이 것은 음소들이 아직 분할되기 전의 음절문자라고 할 수 있지요. 예를 들어 한글이나 영어에서는 한 음절인 '카(ka)'를 자음(ㅋ, k)과 모음(ㅏ, a)이라는 각각의 음소로 구분해서 표기하지만 일본어에서는 음소 구분이 불

가능해 'か'라는 한 글자로 표시한다는 이야기입니다(한글은 음소문자이면서 동시에 음절문자입니다. 반면에 로마자는 음소문자일 뿐 음절문자는 되지 못합니다. 이 문제는 조금 어려워 생략했습니다).

일본 사람들은 이런 문자를 가지고 생활하는 데에 전혀 지장이 없었습니다. 문제는 외국어처럼 다양한 발음을 적을 때 다소 어려움을 겪는다는 데에 있습니다. 가장 적나라한 예가 '맥도날드' 같은 외래어입니다. 영어로 'McDonald'로 표기되는 '맥도날드'는 한글로 표기할 때 전혀 문제가 없습니다. 한글로 '맥도날드'라고 쓰면 비교적 원음과 비슷하게 발음되기 때문입니다. 그런데 일본어로 표기하면 '마구도나루도'라는 이상한 이름이 되고 맙니다(비슷한 맥락에서 영어의 'building'도 '비루딩구'라고 쓰고 읽습니다). 이것은 일본어가 자음과 모음이 구별되지 않기 때문에 이런 식으로밖에 표현할 수 없어 생긴 현상입니다.

이런 불편함 때문에 인류는 한글이나 영어 같은 음소문자, 즉 음절이 자음과 모음으로 분할되는 음소문자를 만들게 됩니다. 이것에 대해서는 앞에서 이미 보았으니 더 이상의 설명이 필요 없을 것입니다. 그런데 한글은 문자의 형성 면에서 영어보다 한 걸음 더 나아가게 됩니다. 어떤 면에서 그럴까요?

한글의 자음이 발성기관이나 글자가 발성되는 모습을 흉내 내어 만들었다는 것은 잘 알려진 사실입니다. 가령 'ㄱ'은 이 글자를 발음할 때 혀뿌리가 굽은 모습을 그대로 글자로 옮긴 것이고 'ㄴ'은 이 글자를 발음할 때 혓바닥이 위로 굽은 모습을 글자로 옮긴 것입니다. 이 때문에 한글은 소리를 글자로 만든 것이라는 평가를 받는 것입니다. 어려운 말로는 소리를 상형(象形)했다고 하는데 이러한 절묘함 때문에 외국의 언어학자들이 시쳇말로 한글에 '뻑 간다'고 합니다. 한글이 세계에서 가장 과학적인 문자라는 평을 받는 것도 그 때문입니다.

이게 무슨 소리인지 한번 예를 들어 설명해보지요. 한글은 자음이 이렇게 만들어졌기 때문에 비슷한 발성기관에서 발음되는 글자들은 그 생김새가 비슷합니다. 가령 영어로 'city'라는 단어를 발음할 때 이것을 '씨티'라고 발음하기보다는 '씨리'라고 발음하는 경우가 많습니다. 't' 가 단어의 맨 앞에 올 때('time' 같은 경우)는 좀처럼 음가가 변하지 않지만 이렇게 가운데에 올 때는 'l' 소리로 바뀌게 되는 경우가 종종 있습니다. 뿐만 아니라 't'가 'n' 소리처럼 발음되는 경우도 있습니다. 가령 'gentleman' 같은 경우는 '제늘먼'이라고 하는 경우도 많습니다. 이렇게 발음하는 것은 't'가 앞의 'n'에게 영향 받은 탓이긴 하지만 음가가 교환될 수 있어서 't'가 'n'의 소리를 취하는 것이 무리가 없기 때문입니다.

그런데 영어에서는 't, l(r), n'과 같은 자음들은 아무런 상관성이 없는 전혀 별개의 글자들입니다. 로마자는 한글처럼 어떤 천재가 용의주

ㄱ	→ ㅋ, ㄲ
ㄴ	→ ㄷ, ㅌ, ㄸ, ㄹ
ㅁ	→ ㅂ, ㅃ, ㅍ
ㅅ	→ ㅆ, ㅈ, ㅉ, ㅊ
ㅇ	→ ㅎ

기본 자음은 5개(ㄱ, ㄴ, ㅁ, ㅅ, ㅇ)
나머지 자음은 기본 자음을 병렬하거나 획을 추가해서 만든다(같은 소리군).

도하게 만든 게 아니고 그냥 민간에서 형성된 것입니다. 그래서 글자의 형성에 어떤 규칙성 같은 것이 없습니다. 이 서너 글자도 글자 사이에 아무 상관성이 없고 그 때문에 글자들을 다 따로 외워야 합니다. 그래서 번거롭습니다. 그런데 세종대왕은 이 글자들이 하나의 군에 들어간다는 것을 아셨습니다. 바로 같은 소리군인 혓소리(ㄴ→ㄷ→ㅌ→ㄹ)군에 들어 간다는 것을 아신 겁니다(이때 'ㄹ'은 반혓소리에 해당함). 바로 이런 면 때문에 한글은 영어보다도 한 걸음 더 나아간 글자이고 글자로서는 진화를 마쳤다고 너무 심할 정도의 찬사까지 받는 것입니다.

이것은 자음에만 해당되는 것이 아니라 모음에도 해당됩니다. 'a, e, i, o, u'와 같은 영어의 모음은 서로 간에 아무런 상관성이 없이 만들어 진 것입니다(사실 로마자에는 모음이 없었다고 하더군요). 어떤 과정을 겪었 는지는 잘 모르지만 어쩌다 이 글자들이 모음으로 정해진 걸 겁니다. 그 리고 이 모음 글자들은 다른 자음 글자, 즉 'c'라든가 'j' 등과 구별이 안 됩니다. 이게 무슨 말인가 하면 로마자는 글자만 보아서는 자음과 모음 의 구별이 잘 안 된다는 것입니다. 'i'와 'j'는 글자는 비슷하게 생겼지 만 하나는 모음이고 다른 하나는 자음이지 않습니까? 이에 비해 우리 한 글은 자음과 모음이 확연하게 구별됩니다.

사실 말이 나와서 하는 말이지만 로마자는 우리 한글에 비하면 그 수 준이 좀 떨어지는 것 같습니다. 예를 하나 들어볼까요? 우리는 말을 할 때 'ㅓ(어)'라는 발음을 많이 씁니다. 그런데 영어에는 이 발음에 대해 서 발음기호 [ə]는 있으면서 글자는 없습니다. 참으로 이상합니다. 그 렇게 많이 쓰는 모음에 글자가 없다는 것이 이상하다는 것입니다. 영 어에서는 'a'나 'o, u' 등을 가지고 그때그때 적당히 'ㅓ' 발음으로 씁니다. 여기에는 어떤 규칙이 없습니다. 영어의 이런 면 때문에 우리말을 영어로 옮길 때 아주 힘듭니다. 예를 들어 '선정(역)'을 영어로 옮기려면 'seonjeong'이라고 아주 이상하게 써야 합니다. 한국 정부에서 한국어의 'ㅓ' 발음은 모두 'eo'로 표기하는 것으로 정했기 때문에 이렇게 됐습니다. 이런 면에서 영어가 세계 공영어가 된 것은 우리 한국인에게는 아주 안 좋은 것이라 할 수 있습니다.

어떻든 세종은 그 복잡한 모음을 점 하나와 작대기 두 개로 끝내버렸습니다. 게다가 여기에 천지인삼재(天地人三才)를 상징하는 철학적 의미까지 넣었습니다. 모음 부분에 오면 저는 '세종은 사람이 아니다'라고 말합니다. 어떻게 그 복잡한 모음을 이렇게 간단하게 처리했는지 믿기지가 않아서입니다. 사람들은 이 세종의 모음 발명이 얼마나 대단한 것인 줄 모르고 그냥 쓰고 삽니다(앞에서 언급한 노마 히데키는 인류 언어사에서 모음에 글자를 부여한 최초의 인물이 세종이라고 하더군요).

세상에 가장 어려운 일 중의 하나가 가장 간단한 것을 가지고 가장 복잡한 것을 설명하는 것입니다. 이것은 디자인하는 사람들이 제일 잘 알 겁니다. 세상에 많고 많은 디자인 중의 최고는 가장 단순하게 표현하

한글의 기본 모음

는 것입니다. 이것은 최고의 디자이너만 할 수 있는 일입니다. 초보자들은 자신이 없어 이것저것 자꾸 덧대지만 최고들은 아주 단순한 '터치'로 끝냅니다. 세종이 바로 이런 일을 한 사람입니다. 그래서 저는 종종 '세종은 외계인이 아닐 수 없다'고 말을 합니다. 이 모음의 발명은 인간의 한계를 벗어났다는 느낌을 받기 때문입니다.

한글은 명품 중의 명품

한글은 이렇게 만들어졌으니 명품 중의 명품이 되는 것은 당연하다 하겠습니다. 한글의 명품성은 여러 방법으로 이야기할 수 있지만 그 많은 방법을 다 볼 수는 없고 여기서는 한두 가지만 간단하게만 보겠습니다.

우선 말할 수 있는 것은 한글은 시대 불문 천하무적이라는 것입니다. 시대가 농경시대에서 급격하게 기술 산업 사회로 바뀌었는데도 한글은 이런 변화된 시대에 적응하는 데에 전혀 문제가 없었습니다. 예를 들어 서양에서 타자기가 들어왔을 때 이 타자기를 한글화하는 데에 전혀 문제가 없었지요. 영문 글자를 떼어내고 한글을 장착시키면 됐기 때문입니다. 그런데 중국에서는 어떤 일이 벌어졌는지 아십니까?

중국인들도 타자기를 만들고 싶었습니다. 그러나 한자 글자 수가 너무 많아 그것을 타자기에 넣을 수 없었습니다. 자세한 사정은 제가 잘 모르겠는데 일단 변(邊)을 가지고 만든 모양입니다. 그런데 변도 얼마나 많습니까? 그걸 다 넣고 결국 한자용 타자기를 만들긴 했는데 일종의 소형 인쇄기처럼 복잡한 결과물이 나왔답니다. 그래서 상용화하는 데에는 실패하고 맙니다.

한글이 괴력을 발휘한 곳은 다름 아닌 전화기였습니다. 지금은 스마트폰을 쓰는지라 조금 달라졌지만 이전 전화기는 자판이 12개밖에 없었습니다. 그런데 우리 한글은 거기다 글자를 다 넣고도 자판이 남았습니다. 세상에 이런 글자가 어디 있습니까? 자판이 남다니요? 중국인들은 문자를 어떻게 보내는지 아십니까? 영어로 치기도 하고 변으로 치기도 하는데 어떻든 한글로 보낼 때보다 시간이 몇 배나 더 걸립니다. 태국 제자 이야기를 들어보았더니 태국에서는 한 글자 뽑아내기 위해 서너 번을 누른다고 하더군요. 글자 수가 많아서입니다. 이런 다른 나라 현실과 비교해보면 우리는 얼마나 편리한지 모릅니다. 그래서 저는 청중들에게 이렇게 말합니다. 앞으로 문자 보낼 때 꼭 세종대왕님께 '고맙습니다'라고 인사하고 보내라고 말입니다.

한글 수난사

이런 절세의 문자인 한글이 만들어졌건만 조선의 지배계층은 철저하게 한글을 외면합니다. 이때 말하는 지배계층은 남자 양반들을 말합니다. 이들은 겉은 조선 사람이지만 속은 중국 사람입니다. 이 사람들은 어려서부터 『천자문』이나 『소학』, 『통감』, '사서삼경' 같은 중국 교과서만 가지고 공부한 사람이라 중국식으로만 사고했습니다(지금 많은 지식분자들이 미국 책만을 보고 미국식으로 사고하는 것과 똑같습니다). 그래서 그들의 머리에는 한문만 있었고 한글에 대해서는 아무 생각이 없었습니다. 그들에게 글자란 한자처럼 뜻을 갖고 있어야지 소리만 표현하는 한글은 글자가 될 수 없었습니다. 그래서 '언문'이니 '암글'이니 하는 비속어로 한글을 대했습니다. '언문'에서 '언'이란 속된 말을 뜻하고 '암글'은 '암컷이나 쓰는 글'이란 뜻이니 그들이 한글을 얼마나 무시했는지 알 수 있습니다.

한글은 이렇게 천대를 받았습니다. 그런데 일반적으로 백성들이 한글을 쓴 것처럼 생각하는데 그것은 사실이 아닙니다. 백성들은 거의 문맹자들이었죠. 한글을 쓴 사람들은 극히 일부의 왕실이나 귀족들인데 그중에서도 특히 이 계층의 부인들이 한글을 많이 썼습니다. 그러니 일부 계층만이 한글을 쓴 것이지요. 조선 사람들은 이렇게 한글을 돌보지 않았습니다. 그러다 450년 만에 갑오개혁(1894)을 하면서 한글을 국가 문자로 공식적으로 인정합니다. 그때부터는 국가 문서에 한글을 쓰기 시작한 겁니다.

참으로 조선 사람들 대단합니다. 인류 청사에 남을 이 전 세계적인 명품 한글을 450년 동안이나 내팽개쳤으니 말입니다. 그야말로 썩은 사대주의 냄새가 진동합니다. 그런데 한글은 왜 안 없어졌을까요? 보통 문화물들은 사람들이 돌보지 않으면 다 없어져버립니다. 유적은 말할 것도 없고 한글 같은 무형 문화물들은 그냥 내버려두면 다 사라집니다. 문화는 사람이 만든 것이니 사람이 돌보지 않으면 당연히 없어질 수밖에 없지요. 그런데 한글은 450년 동안이나 제대로 돌보지 않았는데 어떻게 없어지지 않았을까요? 답은 아주 간단합니다. '한글이 너무 좋아서'입니다. 좋아도 너무너무 좋아서 그렇습니다. 한글이 워낙 명품이다 보니 없어지지 않은 것입니다.

그런데 한글의 수난사는 예서 끝나지 않지요. 일제 식민지가 되니 한글을 발전시킬 만한 상황이 되지 못했습니다. 나라를 송두리째 뺏겼는데 한글만 발전할 수는 없는 것이겠지요. 일제기에 한글을 지키고자 얼마나 많은 분들이 노력하고 희생을 했는가에 대해서는 생략하겠습니다. 어떻든 그렇게 고생하다 해방이 되었는데 그때부터는 우리 한글이 또 영어에 치이기 시작합니다.

영어 이야기가 나와서 말인데 세계에는 영어를 제일 못하는 두 민족이 있는 것 아십니까? 대충 짐작은 하셨죠? 한국인과 일본인입니다. 한국어와 일본어는 문법이 아주 비슷합니다(이것은 아주 오래전 한반도에 살던 사람들이 일본으로 대거 이주했기 때문에 생긴 현상입니다). 그런데 한국어나 일본어는 영어와 문법이 아주 다릅니다. 한국어를 모국어로 하는 사람은 영어 문법에 적응하기가 대단히 힘듭니다. 12세 이전에 영어에 확실하게 노출되지 않으면 영어를 자유롭게 말하는 것은 불가능합니다. 그래서 저도 미국 유학 가서 1년 만에 영어를 포기했습니다. 그때 저는 영어는 뒤늦게 배워서 유창하게 할 수 있는 언어가 아니라는 것을 깊게 깨달았습니다.

그렇게 영어를 못해서 그런지 한국인들의 영어 열정은 대단합니다. 일상 속에서도 영어를 많이 씁니다. 디테일, 시크, 엘로퀀트, 스폰 등등 우리말로 써도 아무 문제 없는 단어들을 굳이 영어 단어로 바꿔 많이 씁니다. 이런 사정을 알 수 있게 해주는 좋은 예가 있어 소개합니다. 다음은 어느 회사원이 한 말입니다.

> "어제 클라이언트하고 어포인(appointment)이 캔슬돼서 우리 네고 (negociation)가 무산됐다. 우리 캐파(capacity)를 다시 체크해서 또 츄라이 를 해보자."

정말로 이렇게 말하는 회사원이 있었습니다. 꾸며낸 게 아니라는 것이지요. 이 문장을 보면 알겠지만 주요 단어는 전부 영어입니다. 또 제멋대로 줄인 영어입니다. 세계에서 영어를 제일 잘 못하는 민족이 영어 쓰는 데에 환장하고 있습니다.

한글의 수난사는 아직도 끝나지 않고 있습니다. 문화는 그 문화를 향유하고 있는 사람들이 잘 가꿔야 합니다. 그렇지 않으면 문화는 발전되지 않고 더 나아가서 퇴락할 수 있습니다. 따라서 우리는 한국어를 제대로 써야 합니다. 그래야 한국어가 발전할 수 있습니다. 그러나 우리는 그렇게 하고 있지 못합니다. 그 때문에 현대 한국인들의 한국어 실력은 형편없습니다. 어법에 제대로 맞게 말하는 사람을 보기가 힘듭니다. 자기 의사 표시를 할 때 전부 "뭐뭐한 것 같아요."라고만 합니다. 이것은 좋은 표현이 아닙니다. 그리고 존경어미의 남발도 심각합니다. "2,000원이세요." 혹은 "커피 나오셨어요."처럼 말입니다.

이런 이야기들은 많이 들었을 테니 더 이상 언급하지 않겠습니다. 그런데 이렇게 한국어를 잘 못해도 한국인들은 별로 부끄러워하지 않습니다. 그러나 영어 잘 못하는 데에는 많은 열등감을 갖습니다. 뭔가 거꾸로 된 느낌입니다. 아니, 한국어를 잘 못하는 것에 열등감을 가져야지 왜 남의 언어인 영어를 못하는 데에 열등감을 갖는다는 말입니까? 물론 이런 것들은 문자에 관한 것은 아니고 말 사용에서 생기는 문제이지만 말〔言〕이 제대로 서야 글〔文〕이 제대로 선다는 의미에서 말과 글은 똑같이 중요하다 하겠습니다.

다음은 한글이 직접적으로 수난 받은 것은 아니지만 한글과 관련해 우리가 무심한 것이 있어 이야기해보려 합니다. 세계기록유산으로 유네스코에 등재된 것은 한글이 아니라 『훈민정음 해례본』이라고 말씀드렸지요. 한글은 무형유산에 가까운 것이고 해례본은 책이기 때문입니다. 이 해례본이 만들어진 곳은 바로 집현전인데 이 건물은 복원되어 경복궁 안에 건재하고 있습니다. 바로 현재 경회루 앞에 있는 수정전입니다. 그러면 이 수정전 영역은 우리 민족에게 하나의 성지 같은 곳이라 할 수 있습니다. 그렇지 않습니까? 우리 한국인이 가장 자랑스러워하는 문화물인 한글과 그것을 설명하는 책이 만들어진 장소니까요. 그런데 그곳에 가면 이런 사정을 말해주는 안내판이 전혀 없습니다. 그저 수정전 안내문에 반 줄 정도로 이곳에서 한글이 창제됐다고 쓰여 있을 뿐입니다.

아니 어떻게 이럴 수가 있을까요? 이런 역사적 현장을 어떻게 이렇게 허술하게 내버려둘 수 있는 것일까요? 만일 다른 선진국이라면 일을 이렇게 처리했을까요? 추측건대 그들은 세계적인 문자가 탄생한 이 자리를 어떻게든 멋있게 꾸며 사람들에게 알리려 하지 않을까요? 적어도 그

『훈민정음 해례본』이 만들어진 수정전(옛 집현전 터) 안내판 문구
안내판에도 표시한 부분 이외에는 자세한 정보가 없고 이 수정전 영역에서는 한글과 관계된 어떤 것도 체험할 수 없다.

수정전 앞에서 제자들과 함께한 지은이 (2015년 2월)

곳에 정보관을 세우는 등 그곳을 방문하는 수많은 내외국인들에게 좋은 정보를 알려줄 겁니다. 이렇게 하면 자연히 국가 홍보도 겸하게 될 터이니 얼마나 좋습니까?

그런데 우리는 그곳에 달랑 휴게실 하나 만들어놓았습니다. 그러나 그곳은 휴게실이나 만들 곳이 아닙니다. 민족의 성지에 휴게소라니요? 아무리 양보해도 그 공간에는 한글을 소개하고 체험하는 장이 있어야 합니다. 그래서 그곳을 방문하는 국내외의 수많은 사람들이 세계 최고의 문자를 경험할 수 있게 해야 합니다. 그럼 어떻게 해야 할까요?

하나의 대안으로, 지금 휴게실로 쓰는 공간을 한글 중심 콘셉트로 다시 디자인하는 것도 한 방법일 수 있습니다. 그런데 현재 그곳에서는 한글과 관계된 어떤 것도 체험할 수 없습니다. 제 말이 사실인지 아닌지는 경복궁을 방문해 수정전에 가셔서 한번 확인해보시기 바랍니다. 이 수정전 영역을 방문한 사람 가운데에는 이런 점에서 문제가 있다는 것을 아는 사람이 거의 없습니다. 그저 수정전 옆에 있는 경회루만 관람하다 다음 장소로 움직일 뿐입니다. 언제가 되어야 우리 한국인들이 조상들의 문화가 귀중한지 알게 될지⋯⋯. 그 시간이 빨리 오기를 기다려봅니다.

| 3 |

세계에서 가장 긴 단일 왕조 역사서
『조선왕조실록』

이번에 우리가 볼 세계기록유산은 우리 조상들의 드높은 기록 정신을 알 수 있는 책, 『조선왕조실록』(이하 '실록')입니다. 조선은 기록 정신이 단연 세계 최고였는데 일단 이 실록에서 그 빛을 발합니다. 실록을 한마디로 하면 무엇일까요? '세계 최장(最長), 다시 말해 세계에서 가장 긴 단일 왕조 역사서'라고 하면 됩니다. 장장 25대 왕, 472년간의 역사를 적었습니다. 조선은 500년 조금 넘게 왕조가 지속됐는데 그것을 거의 모두 역사 기록으로 적은 것입니다. 나라가 망하는 바람에 고종과 순종은 이 실록에 포함되지 않았습니다. 그러니까 태조 이성계부터 철종까지가 이 실록에 들어가 있는 것이지요.

이웃 나라 중국은 300년 이상을 간 왕조가 별로 없습니다. 그런데 조선은 500년 이상을 갔을 뿐만 아니라 약 470년간의 역사를 다 기록으로 남겼습니다. 그리고 우리의 이 실록은 자랑스럽게 유네스코에 세계기록

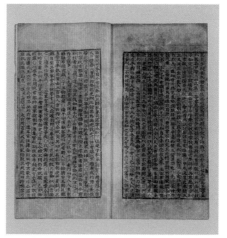

『**조선왕조실록**』(국보 제151호, 서울대 규장각 등 소장)

유산으로 등재되어 있습니다. 반면 우리가 본뜬 『명실록』이나 『청실록』 같은 중국의 실록은 유네스코에 등재되지 못합니다. 그 이유에 대해서는 조금 있다가 말씀드리겠습니다. 그런가 하면 일본은 아예 실록을 만들지도 못했습니다. 그들도 만들려고 했지만 아직 문기가 부족해 만드는 데에 실패하고 맙니다.

사실 이 실록 쓰고 만드는 제도는 당연히 중국의 제도였습니다. 고려도 그랬지만 조선은 그 제도를 그대로 가져다 중국보다 더 나은 것을 만들었습니다. 이렇게 기원은 중국이지만 그것을 따라 우리가 만든 것이 더 나은 경우가 꽤 있습니다. 나중에 보게 될 '고려대장경'도 그렇습니다.

이처럼 우리나라는 중국에 바짝 붙어서 그들의 문화를 열심히 받아들여 원조인 중국에 버금가는, 어떤 때는 중국을 능가하는 문화를 만들어냈습니다. 이런 시각으로 저는 수년 전에 한 논문에서 중국과 한국을

"창조적 시원과 발전적 보전의 두 주역"이라고 표현한 적이 있습니다. 이 두 나라가 주축이 되어 동북아 문명을 만들어냈다는 것이 그 중심 취지였지요. 중국이 만들어낸 것이 많지만 그것을 우리(한국)가 발전적으로 보전하지 않았으면 없어질 뻔한 것이 많았다는 의미에서 이렇게 개념을 잡아본 것입니다. 그렇지 않습니까? 중국에서 유래한 문묘제례악이나 종묘제례악, 그리고 불교의 예불 제도 및 승려 교육 제도 등을 우리가 보전하지 않았다면 이것들은 지구상에서 영영 자취를 감추었을 것입니다.

실록은 어떤 점에서 우수한 역사 기록인가

그럼 우리 실록은 어떤 면에서 높은 평가를 받았을까요? 저는 이 설명을 할 때 텔레비전 사극을 가지고 설명을 시작합니다. 저는 텔레비전 드라마를 보지 않기 때문에 사극도 거의 안 봅니다. 거기에는 여러 가지 이유가 있지만 사극은 한 글자로 말해 죄다 '뻥'이기 때문에 안 봅니다. 예를 들어 〈대장금〉을 보십시오. 실록을 보면 대장금은 중종 때 실제로 있던 의녀입니다. 원래는 그냥 장금이었는데 의술이 좋아 대장금이 된 사람입니다. 이름 앞에다 '대(大)' 자를 붙여준 것이지요. 그런데 여기까지만 사실이고 그다음은 전부 '뻥'입니다.

어떤 것이 '뻥'이라는 것일까요? 예를 들어 사람들은 수라간에서 상궁이나 나인 같은 여자들이 요리한 것으로 알고 있습니다마는 요리는 남자들이 했습니다. 여자들은 음식을 나르는 것 같은 허드렛일만 했습

드라마 〈대장금〉의 무대가 된 경복궁 소주방 (2015년 5월 2일, 개관식 날)

니다. 수라간에 있는 남자와 여자들의 비율은 14대 1 정도 되었다고 하지요. 따라서 드라마 〈대장금〉에서처럼 여자들이 수라간에서 요리하는 것은 사실이 아닙니다. 지금도 호텔을 보면 주방장은 물론 남자이고 요리사도 거의 남자이지 않습니까? 그리고 드라마 〈대장금〉에는 주인공이 어의가 되는 것으로 되어 있는데, 철저한 가부장 국가에서 그게 가당하기나 한 일입니까? 전근대적인 조선에서 어떻게 여자가 어의가 된다는 말입니까?

그래서 방송국에서는 사극을 역사적 사실이 아닌 픽션으로 보라고 변명 아닌 변명을 합니다. 그저 드라마로 보라는 이야기이지요. 그런데 문제는 적지 않은 경우에 우리 한국인들이 국사 공부를 책으로 하지 않고 사극으로 한다는 데에 있습니다. 그래서 웃기는 해프닝도 많습니다. 이건 확인된 것은 아니지만 실제로 이런 이야기가 있었다고 합니다. 한

참 지난 일입니다마는 드라마 〈선덕여왕〉이 한창 인기 있을 때 이 사극을 보는 사람 중에는 삼국통일을 가수 엄정화 씨의 동생인 엄태웅 씨가 했다고 믿은 사람이 있었다고 합니다(이 드라마에서 배우 엄태웅씨가 김유신으로 나왔기 때문입니다).

그런데 사극이 항상 틀린 이야기만 하는 것은 아닙니다. 왕이 어전회의를 할 때 보면 대신들 주위에서 아무 이야기 안 하고 계속해서 기록하는 사람이 나옵니다. 그 가운데 실록을 기록하는 사람을 사관(史官)이라 하고, 승정원의 기록인 『승정원일기』를 적는 사람을 주서(注書)라고 합니다. 『승정원일기』는 바로 다음 항목에서 보게 됩니다.

왕은 항상 사관과 함께

왕이 어전회의를 할 때 사관이나 주서와 같은 서기가 항상 배석하는 것은 사실인데 문제는 그다음 장면입니다. 또 있을 수 없는 장면이 나오기 때문입니다. 사극을 보면 왕이 집무실에서 신하를 독대하는 장면이 많이 나옵니다. 왕과 신하만 만나서 이야기를 하는 장면 말입니다. 그런데 조선의 정치에서 이것은 있을 수 없는 일입니다. 조선의 왕은 사관이나 주서 등과 같은 서기를 대동하지 않고서는 어느 누구도 만날 수 없습니다. 왕이 행하는 모든 것을 기록에 남겨야 하기 때문입니다.

이것은 물론 중국에서 기인한 제도입니다. 그런데 이 규칙이 제대로 지켜진 건 중국이 아니라 조선에서입니다. 이렇게 임금이 신하들을 만날 때 항상 사관이나 주서를 대동하게 한 이유는 무엇일까요? 물론 첫 번째 이유는 임금의 모든 말을 남기려는 기록 정신에서 비롯된 것입니다.

여기에는 또 다른 이유도 있습니다. 왕이 자기 마음대로 몰래 신하를 만날 수 있다면 자기가 좋아하는 신하들만 만나 도당을 형성하게 될 겁니다. 사관이나 주서를 배석시킨 것은 이런 가능성을 사전에 차단한 것입니다. 이것은 왕의 권한을 견제하기 위한 것입니다. 그럼으로써 왕이 균형 있게 정치를 하게 한 것입니다. 이런 게 조선의 정치였습니다. 그러니 조선이 500년 이상 간 것입니다. 이렇게 보면 조선은 대단히 수준 높은 정치제도를 갖고 있었던 셈이 됩니다.

과거제도도 그렇습니다. 과거제도도 전근대적인 봉건사회에서 숨어 있는 인재를 발굴할 수 있는 좋은 제도였습니다. 이런 뛰어난 제도를 가진 나라는 많지 않았습니다. 중국과 우리나라 정도만 이 제도가 있었습니다. 물론 과거제도에는 폐해도 많았지만 조선은 과거제도를 나름대로 잘 발전시킨 나라입니다. 이렇게 보나 저렇게 보나 조선은 그렇게 얕잡아 보아서는 안 될 나라입니다.

한번은 이런 일이 있었다고 합니다. 어느 날 태종이 사냥을 나가는데 사관이 또 따라오더랍니다. 그래서 태종이 사관에게 '놀러 가는 거니 사관은 올 필요 없다'고 했습니다. 그러자 사관은 알았다고 하고 안 갈 듯이 했답니다. 그러나 실제로는 변장을 하고 태종을 따라간 적도 있다고 합니다. 이런 유의 이야기는 너무 많아 다 적지 못할 지경입니다.

조선의 왕은 아침에 공무를 시작하면 그때부터 사관이나 주서가 붙어 다닙니다. 그렇게 해서 왕의 근무가 끝나는 5시까지 이들과 항상 같이 있어야 합니다. 그런데 여러분들이 한번 생각해보십시오. 하루 종일 누가 여러분들을 쫓아다니면서 여러분이 하는 모든 말을 다 적는다면 신경이 쓰여 얼마나 많은 스트레스를 받겠습니까? 그것도 하루 이틀이 아니라 수십 년을 그렇게 한다면 그걸 어떻게 참아낼 수 있을까요? 조선의 왕은 그런 걸 다 묵묵히 견딘 사람입니다. 그런 면에서 보면 왕은 참 가여운 존재이기도 합니다.

그런데 중국의 황제 가운데에는 이 사관 제도를 없애버린 사람도 있다고 합니다. 자신은 신과 같은 존재인데 사관이 따라다니면서 자신이 말한 것을 적어대니 기분이 상했던 모양입니다. 사관이 성가시게 보였던 것이지요. 중국에서는 황제가 이렇게 강한 권력을 갖고 있었습니다. 그에 비해 조선의 왕들은 이런 무소불위의 권력을 휘두르지 못했던 것 같습니다. 조선에 사관 제도를 없앤 왕이 없는 것을 보아도 그런 사정을 알 수 있습니다. 우리는 여기서 다시 중국의 실록이 세계기록유산에 등재되지 못한 이유를 발견하게 됩니다.

왕도 볼 수 없었던 실록

그다음에 조선의 실록 기록 제도가 지닌 뛰어난 점은 왕이 실록을 볼 수 없다는 데에 있습니다. 만일 왕이 실록을 볼 수 있다면 사관이 유교 덕목에 비추어 공정하게 쓸 수 없었을 겁니다. 왕과 대신들의 눈치를 보면서 써야 하기 때문입니다. 왕이나 그의 정책을 비난하는 글을 썼다가 나중에 그다음 왕이 실록 내용을 보게 된다면 보복받을 염려가 클 수밖에 없습니다. 그래서 왕으로 하여금 아예 못 보게 한 것입니다.

그런데 이 제도가 조선에서는 잘 지켜진 모양인데 중국에서는 그렇지 않았다고 합니다. 어떤 황제는 실록을 보고 자기 마음에 안 드는 게 있으면 지우라고 명했다니 말입니다. 원래는 황제라도 실록을 볼 수 없게 되어 있는데 실록을 보았을 뿐만 아니라 지우기까지 했다는 것이지요. 이런 현실을 놓고 보면 중국과 조선 중 어느 나라가 더 문명국이라고 할 수 있을까요? 적어도 이 면에서는 조선이 더 문명국이라고 할 수밖에 없을 것 같군요.

그런데 한번은 세종이 전대 왕의 실록을 보고 싶어 했답니다. 자기 할아버지와 아버지에 대해 어떻게 썼는지 궁금했던 것입니다. 그렇겠죠? 이성계나 이방원이 나라를 세우는 과정에서 사람을 얼마나 많이 죽였습니까? 그걸 사관이 어떻게 평가했는지 궁금했던 것입니다. 그 심정을 어전회의 때 말했습니다. '실록 기록에서 한 글자도 안 고칠 테니 한번 보게 해달라'고 말입니다. 그러자 대신인 변계량이 나서서 보지 마시라고 간언을 했고 세종도 그것을 받아들였습니다. 왕이 실록을 보지 못하는 전통은 이렇게 세워져 그 뒤에도 계속 이어집니다(그런데 말년에 세종이 잠깐 실록을 보았다고 하더군요). 그 뒤의 왕 중에서도 실록을 보고 싶어 하는 왕이 있으면 '세종대왕도 못 보신 거'라고 말하면 아마도 감히 보지 못했을 겁니다.

이런 전통은 연산군 때에도 시퍼렇게 살아 있었습니다. 연산군은 잘 알려진 것처럼 희대의 폭군이었습니다. 그래서 두려운 것이 하나도 없는 사람이었습니다. 그런 연산군이 무서워하는 사람이 딱 하나 있었답니다. 사관이 바로 그 사람입니다. 이것은 이해할 만합니다. 기생들과 흥청망청 놀다가도 한쪽 구석을 보면 사관이 묵묵히 자신이 하는 모든 것을 적고 있는 모습이 보였을 겁니다. 그러면 아무리 포악한 연산군이라도 가슴이 서늘했을 겁니다. 실록에 적히면 후손들에게 다 알려지는 게 되니 그런 감정을 느끼지 않을 수 없었을 겁니다. 실제로 우리는 실록이나 일기 덕분에 연산군이 무슨 짓을 했는지 잘 알고 있습니다.

실록을 지킨 영웅들 – 안의와 손홍록

이렇게 해서 기록되고 보관되었던 실록은 큰 위기를 맞이합니다. 조선 시대에 있었던 위기 가운데 임진왜란은 그 피해가 막대했다는 의미에서 가장 큰 위기라 할 수 있습니다. 전란 통에 모든 게 다 불태워져 남은 게 별로 없었습니다. 왜군들이 샅샅이 뒤져서 다 태워버린 겁니다. 이 실록은 원래 경복궁과 충주, 성주, 그리고 전주, 네 군데에 보관되어 있었습니다. 전란을 대비해 같은 것을 네 군데에 나누어 보관한 것이지요. 그런데 전주 것만 빼고 모두 불에 휩싸입니다. 다른 데 있던 것은 왜군이 모두 불을 질러버린 것입니다.

그런데 어떻게 해서 전주 것만 살아남을 수 있었을까요? 여기에 또 우리의 문화 영웅이 나타납니다. 당시 정읍에 살고 있던 안의와 손홍록이라는 두 분의 선비가 그들입니다. 이분들을 비롯한 전라도 사람들은 왜군이 전주에 곧 당도할 것이라는 소식을 듣고 서둘러 사고(史庫)로 갑니다. 가서 그곳에 있던 관리들과 함께 실록뿐만 아니라 태조의 어진(御眞) 등을 이고 지고 끌고 해서 무사히 정읍 내장산으로 피신시킵니다.

이 두 분은 그저 충정심에 태조의 초상화를 피신시키고 귀중한 국가 기록을 보존해야겠다는 일념으로 죽음을 불사하고 이 일을 했을 겁니

복원된 전주 경기전의 전주사고
임란 때 손홍록와 안의를 비롯한 전주 사람들의 노고 덕분에 전주사고의 실록이 유일하게 살아남았다.

다. 그분들은 아마 자신들이 한 일이 세계기록유산을 구하는 엄청난 일이 될 줄 몰랐을 겁니다. 이런 분들이 진정한 영웅이고 이런 분들 덕에 우리나라가 이렇게 잘 굴러온 것입니다. 이런 분들이 아니었다면 한국은 지금 아주 형편없는 모습으로 남아 있을 것입니다.

그런데 제가 숱하게 강의를 했지만 청중 중에 이 두 분의 존재를 아는 사람을 만난 적이 없습니다. 심지어 어떤 때는 청중 중에 정읍에 사는 사람이 있었는데 그도 이 두 분의 존재에 대해 모르고 있었습니다. 우리 후손들이 이렇게 무심하답니다. 이른바 선진국이라고 하는 국가에서는 자신의 조상들을 잘 기립니다. 특히 이렇게 자손들을 위해 큰 족적을 남긴 조상들을 위해서는 모든 정성을 다 바쳐 칭송합니다. 그런데 우리는 칭송은커녕 그런 분이 있었는지도 모릅니다. 자손들이 이렇게 무심한데도 나라가 잘 굴러가는 걸 보면 참으로 조상들의 문화가 대단하다는 걸 느끼게 됩니다. 우리가 이렇게 잘못해도 조상들의 문화는 끄떡하지 않고 우리를 지켜주니 말입니다. 아니 그저 지켜주는 정도가 아닙니다. 후손들이 무심해도 한국은 계속해서 발전하니 조상들 문화의 위력을 알 만합니다.

사실 이 두 분에 대해서는 KBS나 EBS에서 공익 광고 형식으로 짤막한 홍보물을 만들어 방영했습니다. 그러나 드라마에만 열광하는 한국인들이 그런 광고를 볼 리가 없습니다. 그러면 우리는 이런 조상들에 대해 어떻게 알릴 수 있을까요? 제일 좋은 건 국사 교과서에 싣는 것입니다. 그런데 지금 국사 교과서에는 별로 자랑스럽지 않은 시대인 근현대사가 반을 차지하는 바람에 이런 이야기들이 실릴 자리가 없습니다. 그러면 어떻게 해야 할까요? 고육지책입니다만 이분들을 기리는 날을 제정하는 겁니다. 그러니까 '안의와 손흥록의 날' 같은 걸 제정하자는 것이지요. 밸런타인데이 만들 듯이 말입니다. 그러면 자연스럽게 한국인들이 이 두 분과 그 공적에 대해 접할 수 있지 않을까 싶습니다.

다시 실록으로 돌아가서, 전주사고본이 1593년에 조선 정부에 인계된 이후 조선 정부는 전주본을 가지고 실록을 다시 찍습니다. 그러고 나서 이번에는 실록 보존에 만전을 기하고자 아예 산속으로 사고를 옮깁니다. 임란 때 살아남은 전주사고본 원본은 마니산으로 옮기고 다시 만든 네 부 중 세 부를 묘향산, 오대산, 태백산에 보관한 겁니다. 나머지 한 부는 임란 전 때와 같이 궁궐 안에 있는 내사고(內史庫)인 춘추관에 보관했습니다. 그러니까 총 다섯 군데에 실록이 보관되어 있었던 것이니 이전보다 더 주밀하게 실록을 보존하려는 의도가 엿보입니다. 그러다 병자호란을 전후로 해서 묘향산 것은 무주에 있는 적상산으로 옮

임진왜란 후 『조선왕조실록』을 보관하던 사고 위치
이후 묘향산 것은 전라도 적상산 사고로, 마니산 것
은 정족산 사고를 지어 옮겨졌고, 일제강점기 전까지
4개 사고(적상산, 정족산, 오대산, 태백산)에 보관되
었다.

기고 마니산에 있던 전주사고
본 원본은 같은 강화도의 정족
산으로 옮깁니다. 이렇게 하여
실록은 일제강점기 전까지 적
상산(무주), 정족산(강화), 오대
산(평창), 태백산(봉화) 사고에
보관하게 됩니다.

그 뒤 일제기와 전쟁 통에
이 실록들이 여기저기로 흩어
지고 소실되는 수난을 겪게 됩
니다. 그 복잡한 내용은 생략

하기로 하고 두 가지 사실만 밝히고자 합니다. 실록은 현재 세 군데에
보관되어 있는데 정족산본, 오대산본, 그리고 소실이 많아 일부 낙질만

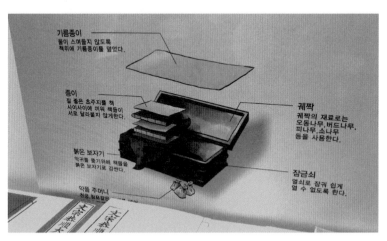

전주사고 내에 전시된 실록 보관 방법 설명 도판

『조선왕조실록』홈페이지

남은 춘추관본은 서울대 규장각에 보관되어 있고, 태백산본은 부산에 있는 국가기록원에 있으며, 묘향산사고에서 옮겨 간 적상산본은 북한의 김일성종합대학에 있다고 추정되고 있습니다.

여기에 보관되어 있는 실록들을 보면 조선이 대단한 나라였다는 것을 알게 됩니다. 그들은 단 4부를 찍는데 아름다운 목활자와 금속활자를 이용하여 찍었습니다. 이에 비해 중국의 『청실록』이나 『명실록』은 손으로 그냥 쓴 대로 남아 있다고 합니다. 그것도 모자라 중국은 황제가 그 내용을 보고 지운 부분도 있다고 했습니다. 조선의 경우에는 그런 것이 전혀 없습니다. 그러니 조선은 더더욱 대단한 나라라는 겁니다.

끝으로 말씀드리면, 이 실록은 모두 번역이 되었고 전산화가 되어

공길에 대해 적은 『조선왕조실록』 기사

이보다 앞서 배우 공길(孔吉)이 늙은 선비 장난을 하며 아뢰기를, "전하는 요(堯)·순(舜) 같은 임금이요, 나는 고요(皐陶) 같은 신하입니다. 요·순은 어느 때나 있는 것이 아니나 고요는 항상 있는 것입니다." 하고, 또 『논어』를 외워 말하기를, "임금은 임금다워야 하고 신하는 신하다워야 하고, 아비는 아비다워야 하고 아들은 아들다워야 한다. 임금이 임금답지 않고 신하가 신하답지 않으면 아무리 곡식이 있더라도 내가 먹을 수 있으랴." 하니, 왕은 그 말이 불경한 데 가깝다 하여 곤장을 쳐서 먼 곳으로 유배하였다. (연산 11년 12월 29일)

있어 조선왕조실록 홈페이지(http://sillok.history.go.kr)로 가서 어떤 단어든지 치면 다 검색이 됩니다. 예를 들어 '공길'이라고 치면 이 광대에 대한 기록이 연산군 조에 딱 한 군데 나옵니다. 그가 『논어』를 불경하게 외우다 곤장을 맞는 이야기입니다. 그런데 이 기록 하나를 가지고 현대의 희곡 작가가 〈이(爾)〉라는 아름다운 희곡을 만들어냈고 시나리오 작가는 〈왕의 남자〉라는 출중한 이야기를 만들어냈습니다. 이렇게 우리의 고전은 마르지 않는 샘과 같은 것입니다. 실록을 바탕으로 앞으로 또 어떤 멋있는 이야기가 탄생할지 여간 궁금한게 아닙니다.

| 4 |

세계 최대의 역사 기록물
『승정원일기』

또 사극 이야기입니다마는 여러분들은 가끔 사극에서 왕이 "거기 도승지 들라." 하는 대사를 들었을 겁니다. 바로 이 도승지가 승정원의 우두머리입니다. 승정원은 지금 말로 하면 대통령 비서실이니 도승지는 비서실장이 되겠습니다. 영화 〈광해, 왕이 된 남자〉(2012)를 보면 배우 류승룡이 허균으로 나오면서 도승지 역할을 연기했던 것이 생각납니다. 비서실장이라 그런지 왕을 지척에서 보좌하던 모습이 퍽 인상적이었습니다. 그런데 이것도 역사적 사실이 아닙니다. 허균은 도승지가 된 적이 없었으니까요.

『승정원일기』(앞으로 '일기'로 표기)는 바로 이 기관에서 적은 기록으로, 주로 왕에 관한 동정을 많이 적었습니다. 왕이 매일 일을 했을 터이니 이 기록은 나날의 기록이 됩니다. 실록과 마찬가지로 조상들의 드높은 기록 정신을 엿볼 수 있는 책이지요. 실록과 다른 점은, 실록이 나라 전

『승정원일기』 (국보 제303호, 서울대 규장각 소장)

반에 일어났던 일에 대해 기록을 남겼다면 이 일기는 왕에 초점을 맞추어서 기록했다는 점입니다. 예를 들어, 왕의 건강은 말할 것도 없고 심리 상태까지 세세하게 적고 있습니다. 그래서 이 일기를 읽고 있노라면 마치 어전에 있는 것 같은 느낌을 갖게 된다고 합니다.

왕의 동정을 세세히 기록한 일기

영조가 한번은 "공연히 일 때문에 골치를 썩는 것은 내 팔자로다."라고 독백 비슷하게 한 적이 있었던 모양입니다. 일이 힘든 나머지 자기도 모르게 내뱉은 말이겠지요. 그런데 이게 그대로 일기에 적혔습니다. 일기를 적었던 주서

서울대 규장각에 보관된 『승정원일기』. 겉표지와 속지(문화재청 사진)

는 왕의 일거수일투족을 놓치지 않았던 것이지요. 그러니 조선의 왕들은 독백조차 마음대로 할 수 없었을 겁니다. 무슨 말만 하면 그대로 적히니 참으로 왕은 언행을 조심하지 않을 수 없었겠지요.

그래서 조선에서는 왕 노릇 하기가 정말 힘들었을 겁니다. 조선의 왕들은 평균적으로 45세를 살았다고 합니다. 햇수도 햇수이지만 왕들은 대부분 많은 병에 시달렸는데 그래서 왕들을 두고 종합병원이라고 하기도 합니다. 워낙 많은 병을 앓았으니 그런 별명이 생긴 겁니다. 사실 왕들은 건강이 좋을 리가 없었을 겁니다. 왕의 건강을 해치는 요인은 대체로 세 가지로 알려져 있습니다. 과다한 업무 때문에 생기는 엄청난 스트레스, 그리고 잘 먹기 때문에 필연적으로 생기는 영양 과잉이 있었겠죠. 그러나 가장 문제 되는 것은 운동 부족이었을 겁니다. 당최 움직이지 못하게 했으니 운동할 여유가 없었을 겁니다.

이렇게 보면 조선의 왕들은 우리 같은 서민들이 부러워할 존재가 아니겠습니다. 흔히들 왕이 되면 모든 것을 제 마음대로 하니 얼마나 좋을까 하고 생각하기 쉽지만 실상은 전혀 그렇지 않았던 것 같습니다. 왕의 자리를 유지하기가 너무도 힘들었기 때문입니다. 그래서 우리는 외려 그이들을 동정하고 고마워해야 할지 모르겠습니다. 그 어려운 자리를 맡아주었으니 말입니다.

왕들은 세자 때부터 힘든 일이 시작됩니다. 세자가 되어 동궁에 거하게 되면 20명도 더 되는 선생이 달라붙어 세자를 아침 점심 저녁으로 교육했습니다. 하루에 세 번 이상의 과외를 시키는 것입니다. 유교에서는 왕의 덕으로 정치를 한다고 가르치니 왕을 잘 키워내는 것이 가장 중요한 일이었고, 그래서 그렇게 세자에게 막중한 교육을 했습니다.

그러나 그런 과정을 겪고 왕이 된다고 해도 과외가 다 끝나는 것이 아닙니다. 경연(經筵)이라고 해서 하루에 한 번씩 신하들과 정치 현안을 가지고 토론을 해야 합니다. 그런데 그 신하들이라는 사람이 누굽니까? 당시에 공부를 제일 많이 한 사람들입니다. '사서삼경(四書三經)'과 '주자집주(朱子集註)'를 좔좔 외는 사람들입니다. 그 똑똑한 사람들과 정치 토론을 해야 합니다. 그러니 머리에 쥐가 안 나겠습니까? 일이 많아 스트레스 때문에 죽겠는데 또 토론까지 해야 되니 말입니다. 그래서 이 경연 시간이 되면 왕이 아프다고 방에 들어가곤 했다고 합니다. 아마도 꾀병이었을 겁니다. 혹자는 왕이 후궁을 많이 두어서 좋았겠다고 하지만 그 내막을 들여다보면 사람이 태어나서 왕을 하면 안 되겠다는 생각마저 듭니다.

세계에서 분량이 가장 많은 역사 기록물

그런 왕에 대한 기록인 일기로 다시 되돌아가 볼까요? 일기의 특징을 한 마디로 표현하면 전 세계 역대 역사 기록물 가운데 분량이 가장 많은 책이라고 보면 됩니다. 글자 수로 따지면 2억 4,000만여 자가 되는데 이것은 실록보다 약 4배 많은 분량이라고 합니다.

그런데 만일 이 책 전체가 남아 있었다면 양은 이보다 2배는 더 되었을 겁니다. 왜냐하면 이 책은 임진왜란 때 한 번 타서 그 이전 것이 다 없어졌고 인조 2년(1624)에 이괄의 난이 났을 때 또 타서 없어졌기 때문입니다. 그래서 이 책은 인조 대부터 순종 대까지 288년 동안 왕의 동정을 적은 책이라고 할 수 있습니다. 이 책이 이렇게 양이 많을 수 있었던 것은 실록처럼 활자로 찍은 것이 아니라 손으로 쓴 것이기 때문입니다. 주서가 쓴 대로 그냥 보관했기 때문에 이렇게 양이 많아진 겁니다.

그리고 일기는 작성 방법에서 실록과 차이가 납니다. 왕의 이야기를 많이 담다 보니 그렇게 된 것이겠지요. 예를 들어 영조 때 청계천 보수공사를 했는데 실록은 단지 "좌의정이 청계천 보수공사의 필요성을 아뢨다."라는 기록밖에 안 나오는데 일기에는 며칠에 걸쳐 왕이 신하들과 토론한 내용 전부가 기록되어 있습니다. 그러니까 일기와 실록은 서로 보완해주는 역할을 한다

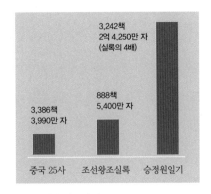

『승정원일기』의 분량 비교

중국 25사 — 3,386책 3,990만 자
조선왕조실록 — 888책 5,400만 자
승정원일기 — 3,242책 2억 4,250만 자 (실록의 4배)

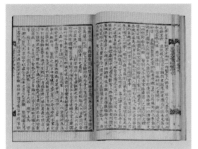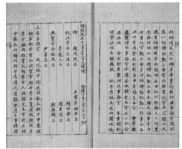

활자로 찍은 『조선왕조실록』(왼쪽)과 붓으로 쓴 『승정원일기』(오른쪽)(문화재청 사진)

고 할 수 있겠습니다.

또 상소문을 어떻게 남기느냐에 대해서도 양 기록이 차이를 보입니
다. 실록은 상소문에 대해 적을 때 요약해서 간단하게 적습니다. 이에
비해 일기는 상소문 전문을 다 적는다고 합니다. 그런데 재미있는 일이
벌어졌습니다. 상소문은 상소문인데 만인소(萬人疏)라는 상소문은 만 명
이상의 선비들이 자신의 이름을 적어 내는 상소문입니다. 일종의 집단
연대 서명과 같은 것인데 이런 연대 서명 상소는 중국은 물론 전 세계적
으로 유례가 없는 상소문이라고 합니다. 여기서 만 명이라고 하는 것은
국민 전체의 뜻이라는 의미를 담고 있습니다.

조선조에는 역사상 최대 인원이 참여한 이 특별한 만인소가 일곱 번
올라왔다고 하는데 이런 상소문이 도달하면 일기는 그 전문을 다 적어
야 합니다. 그런데 상소문 자체는 그리 길지 않아 문제가 없는데 이름
(정확하게는 신분이나 서명까지도 포함됨)이 만 명 이상의 것이 들어가니 문
제가 됩니다. 일기는 이 많은 사람들의 이름을 다 적었다고 합니다. 참
으로 대단합니다. 이렇게 많은 이름은 지금 컴퓨터로도 치기가 쉽지 않

길이가 100미터나 되는 상소문, 만인소(KBS 〈역사스페셜〉, 2010년 9월 11일 방송)

은데 일일이 붓으로 다 적었으니 말입니다.

그런데 만 명이나 되는 사람의 이름이 모두 들어가면 그 상소문의 길이가 얼마나 될까요? 지금 이 만인소는 2개('사도세자 추존 만인소'와 '복제 개혁 만인소')가 남아 있는데 그중 하나가 도산서원에 있더군요. 철종 때 (1855) 사도세자 탄생 120주년을 맞아 그를 왕으로 추존하자는 내용을 담은 상소문인데 철종이 받지 않고 돌려주어 그게 도산서원에 보관되어 왔다고 하더군요(지금은 안동 소재 한국국학진흥원 유교문화박물관에 있습니다).

KBS 〈역사스페셜〉 팀이 이 상소문을 가져다 그 무게와 길이를 재어 보았습니다. 무게는 30킬로그램 남짓 되었다고 하니 상당히 무거웠음을 알 수 있습니다. 그럴 수밖에 없는 것이 한지 130장을 붙였다고 하니 그 랬을 것입니다. 무게도 무게지만 길이가 장난이 아닙니다. KBS 제작 팀은 이 길이를 재기 위해 체육관 하나를 빌려 만인소를 풀어보 았습니다. 그랬더니 글쎄 길이 가 100미터나 되었습니다. 체육 관이 작아서 한 번을 왕복하고 도 한참을 더 갔답니다. 참으로 엄청납니다. 이 엄청난 것을 어 떻게 지방에서 한양으로 가져와 제출했는지 놀랍기만 합니다.

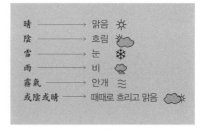

『승정원일기』 날씨 기록의 예

그다음으로 볼 것은 일기에 나오는 날씨나 천문 기록입니 다. 우선 날씨를 보면 일기에서 는 하루의 날씨를 약 100여 가 지 방법으로 구분하여 적었습

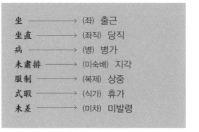

『승정원일기』 근무 상황 기록의 예

니다. 예를 들어 아침에 비가 오다 저녁 때 비가 그치고 맑아지면 '조우 모청(朝雨暮晴)'과 같은 식으로 적었습니다. 비에 대해 적을 때에도 모두 여덟 가지로 분류하여 적었는데 그 기준이 무엇인지 궁금하기도 합니 다. 예를 들어 가랑비나 보슬비 따위를 구분해 적었는데 어떤 기준으로 이 두 비를 나누었는지 잘 모르겠습니다.

그런가 하면 영조 대인 1770년에는 측우기를 복원하여 그 뒤로는 강 우량도 모두 기록했습니다. 이처럼 한 지역의 날씨가 근 300년 가까이 기록된 예는 다른 나라에서는 찾아보기 힘든 기록이라고 합니다. 날씨 만 적은 게 아닙니다. 천문 관측 기록도 적었습니다. 기상이나 천문을

담당한 관리들은 밤에도 자지 않았습
니다. 밤에 유성이 언제 어떻게 떨어
질지 모르니까 그것을 관찰하려면 잘
수가 없었겠지요. 그래서 그들은 유
성이 떨어지면 몇 시각에, 밤하늘 어
느 지역에, 어떤 모양과 크기의 유성
이 어디로 떨어졌다고 적었는데 심지
어 그 꼬리가 몇 자가량인지까지 적

「승정원일기」 홈페이지

었습니다. 한편 『승정원일기』에는 본
문 작성에 앞서 일자와 날씨뿐만이 아니라 근무 상황까지도 적었는데
이 역시 상세하기 짝이 없습니다.

　일기는 지금 번역 중에 있습니다마는 실록과는 달리 번역이 끝난 상태
는 아닙니다. 워낙 양이 많은 데다 해독이 쉽지 않은 초서(草書)로 쓰여 있
는 등 어려움이 많았기 때문인데요, 번역을 마치려면 앞으로도 수십 년의
세월이 필요하다고 합니다. 그래도 국사편찬위원회에서는 지난 1960년부
터 1977년까지 2억 자가 넘는 초서체 글자를 정자체인 해서(楷書)체로
바꾸고 구두점을 찍는 작업을 마쳤고 최근에는 이를 디지털화해서 홈페
이지를 구축해놨기 때문에 누구나 쉽게 해서체로 된 일기를 검색할 수
있게 되었습니다. 번역본은 아직 올라와 있지 않지만 현대식으로 잘 정
리되어 있어 보기가 좋습니다. 국사학자들은 이 일기가 완전히 번역되
는 날 국사학계에 지각 변동이 예측이 된다고 하는데 그날이 언제가 될
는지 궁금합니다.

| 5 |

현존하는 가장 오래된 금속활자 인쇄본
『불조직지심체요절』

지금부터는 조상들의 경이로운 인쇄문화에 대해 소개하고자 합니다. 우선 『불조직지심체요절』이라는 책부터 볼 텐데요, 이 책에 대해 강의할 때 저는 청중들에게 먼저 이 책이 어떤 책인 줄 아느냐고 묻는데 그러면 정확한 대답은 안 나오고 추측성 대답만 나올 뿐입니다. 이 책을 한마디로 소개하면, 현존하는 금속활자 인쇄본 가운데 가장 오래된 책입니다. 물론 기록에는 이보다 훨씬 오래된 금속활자 인쇄본이 있는 것으로 나옵니다마는 실제로 남아 있는 책(발견된 책) 가운데 가장 오래된 것은 이 책입니다.

이 책(이하 '직지')의 원래 이름은 꽤 깁니다. '불조직지심체요절(佛祖直指心體要節)'이라는 제목 앞에 '백운화상초록(白雲和尙抄錄)'이 붙어 있는데 이것은 백운이라는 스님이 선불교의 핵심 교리를 요약한 책이라는 뜻입니다. 책 자체에 대해서도 얼마든지 설명할 수 있지만 이 정도만 하

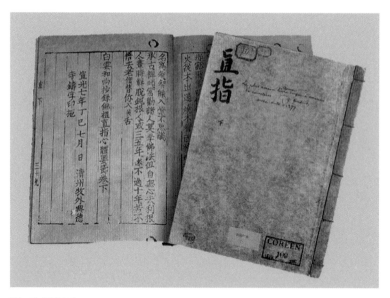

『불조직지심체요절』
고려 시대(우왕 3년, 1377년) 때 청주 홍덕사에서 금속활자로 찍은 책으로 원래는 상권과 하권으로 나뉘어 있었으나 상권은 전하지 않고 하권 1책만이 프랑스 국립도서관(동양문헌실)에 보존되어 있다. 책 표지는 원래의 것이 아니고 새로 제작된 것이다. (국가기록원 사진)

겠습니다. 백운 스님은 고려 말에 국사(國師)를 지낸 분으로 알려져 있습니다.

이 책은 고려 시대인 1377년에 청주에 있던 홍덕사라는 절에서 금속활자로 인쇄한 책입니다. 서양에서 가장 이른 금속활자 인쇄본인 구텐베르크의 『42행 성서』보다 정확히 78년이 앞섭니다. 물론 기록에 따르면 『고금상정예문(古今詳定禮文)』 같은 고려의 다른 금속활자 인쇄본은 구텐베르크의 책보다 약 200년이 앞섭니다. 이것은 고려가 세계 최초의 금속활자 발명국이기 때문에 가능한 일이겠지요.

그런데 이 직지가 2001년에 유네스코의 세계기록유산으로 등재될 때의 재미있는 뒷이야기가 전해옵니다. 직지가 심사 대상으로 올라갔을 때 한국위원회 측에서는 걱정이 있었답니다. 왜냐하면 이 책은 우리 것인데 한국에 있지 않고 다른 나라, 즉 프랑스에서 소장하고 있었기 때문입니다.

이런 우리 측의 우려는 크게 빗나가지 않았습니다. 우리 정부는 1998년 초, 1999년에 열릴 유네스코 심사회의를 앞두고 직지를 등재 신청합니다. 하지만 원산지와 소유국이 다른 경우는 전례가 없던 터라 유네스코로부터 프랑스와의 공동 신청을 권유받게 됩니다. 이에 우리 정부는 프랑스 정부에 협조 공문을 보냈지만 프랑스 측은 직지를 유네스코 세계기록유산에 등재할 의사가 없다는 회신을 보내왔지요. 그래서 1999년 회의에서는 직지가 안건으로조차 상정되지 못했습니다. 하지만 직지는 그다음 심사회의인 2001년에(회의는 2년마다 열림) 심사위원 만장일치로 유네스코에 단독으로 등재되는 쾌거를 이루게 됩니다. 이 책이 어디에 있든 세계에서 가장 오래된 금속활자 인쇄본이고 전 세계에 단 한 권밖에 없는 책이라는 희귀성 등의 가치를 인정받은 겁니다.

그다음에 저는 또 다른 질문을 던집니다. "이 책은 지금 프랑스 어디에 있나요?"라고 말입니다. 그러면 청중들은 대부분 파리에 있는 루브르 박물관에 있다고 답합니다. 그 대답에 저는 웃으면서 그다음 질문을 던집니다. "이 책은 프랑스 사람들이 가져간 겁니까? 훔쳐 간 겁니까?"라고 말입니다. 그러면 또 대부분의 대답은 "훔쳐 간 것"이라고 말합니다. 자, 여러분들은 어떻게 대답하시겠습니까? 여러분들도 이렇게 대답하지 않을까요?

그러나 이 두 대답은 다 틀린 겁니다. 먼저, 책이 도서관에 있어야지

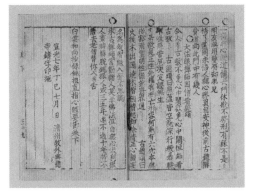

『불조직지심체요절』(왼쪽) (1377년 인쇄, 프랑스 국립도서관 소장, 2001년 등재)
『42행 성서』(오른쪽) (1454~1455년 인쇄, 독일 괴팅겐 대학교 도서관 소장, 2001년 등재)

왜 박물관에 있습니까? 이 책은 루브르 박물관이 아니라 파리에 있는 프랑스 국립도서관에 있습니다. 그리고 이것은 프랑스인들이 훔쳐 간 것이 아니라 사서 가져간 것입니다. 한말(韓末)에 주한 프랑스 공사를 지낸 플랑시라는 사람이 산 것인데 그 뒤 여러 곳을 경유하다 지금은 프랑스 국립도서관에 잘 보관되어 있는 것입니다.

그러니까 이 책에 대해서는 우리 한국인들이 프랑스에 감사해야 합니다. 이들이 잘 보관해주었으니 말입니다. 이 책이 우리나라에 있었으면 식민 시기와 전쟁을 겪는 통에 없어졌을지도 모를 일이기 때문입니다. 우리는 최근세에 너무나 정신없이 힘들게 살아서 조상들의 귀중한 유물들을 잘 보존하지 못했습니다. 특히 이렇게 종이로 만들어진 것들은 불에 취약하기 때문에 더더욱 없어지기 쉽습니다.

허망하게 타버린 조선 왕들의 어진

이처럼 중요한 유물이 아주 허망하게 없어진 예를 들라고 하면 조선 왕들의 어진을 빼놓을 수 없을 겁니다. 조선 왕들의 초상화 가운데 지금 남아 있는 게 거의 없다고 말하면 여러분들은 아주 이상하게 생각하실 겁니다. '아니 만 원권에도 세종대왕 초상화가 있는데 무슨 소리인가' 하고 말입니다. 그 외에도 정조나 고종 등의 초상화가 있는데 왜 어진이 없다고 하는지 이해가 안 될 수 있겠습니다.

우선 참고로 말하면 만 원권의 세종 그림은 실제 초상화가 아닙니다. 이것은 현대 화가인 운보 김기창 화백이 그린 것입니다. 이 그림을 두고도 한참을 이야기할 수 있는데 참으로 어이없는 그림입니다. 왜냐면 다른 거 다 떠나서 북방계 얼굴이었을 세종을 전형적인 남방계 인물로 그려놓았기 때문입니다(눈썹이 짙고 쌍꺼풀이 있는 것은 모두 남방계 얼굴의 특징입니다). 그리고 돈에 이렇게 가짜 초상화를 그려놓는 나라는 전 세계에 우리나라 빼고 또 있는지 모르겠습니다. 아마 없을 것 같군요.

화폐는 매우 중요한 것이라 모든 나라들이 매우 심혈을 기울여 만듭니다. 그래서 돈에는 사람의 얼굴이든 물건이든 실물을 그려 넣지 우리처럼 임의로 그린 것을 넣지 않습니다. 이런 면에서 우리 한국인의 '몰(沒)문화 증세'는 매우 심각하다 하겠습니다. 그래서 저는 오래전

현행 만 원권 지폐의 세종대왕 그림은 실제 초상화가 아니다.(김기창 화백의 그림)

부터 우리 한국인은 문맹은 벗어났는지 모르지만 아직도 문화맹자(文化盲者)의 수준에 있다고 말하곤 했습니다.

어떻든 이렇게 보면 우리나라 돈에는 전부 가짜 초상화가 그려져 있는 것을 알 수 있습니다. 화폐에 있는 초상화들은 모두 조선 시대 인물을 그린 것인데 다 가짜 초상화들입니다. 세상에서 돈이 가장 중요한 것 중의 하나일진대 화폐에다가 이렇게 온통 가짜 초상화를 가져다 놓았으니 한국인들이 제정신인지 의심이 듭니다. 사족으로 또 한 가지 덧붙이자면, 우리나라 돈에 나오는 인물들은 전부 이씨 성을 가진 사람들이라는 것입니다. 심지어 백 원짜리 동전에 나오는 이순신 장군도 이씨입니다. 유일한 예외가 5만 원권에 있는 신사임당인데 그도 '미세스(Mrs.) 이'이니 이씨나 다름없습니다. 왜 이렇게 된 것인지는 잘 모르겠습니다마는 재미있는 일이라 한번 이야기해보았습니다.

좌우간 현재 남아 있는 어진 가운데 진짜는 2개 반밖에 없다고 할 수 있습니다. 여기서 고종과 순종은 제외됩니다. 이들은 사진이 남아 있기 때문에 어진이 의미가 없기 때문입니다. 남아 있는 2개 반은 누구의 초상화일까요? 태조와 영조 것은 온전하게 남아 있는 반면 철종 것은 타다 남은 반쪽만 있습니다(사실 영조 것은 전신의 어진이 아니라 반신만 나와 있어 공식적인 어진이라 하기에는 부족한 면이 있습니다).

이게 어찌 된 일일까요? 어떻게 해서 조선 왕들의 초상화는 거의 남아 있지 않는 걸까요? 기록의 나라인 조선에서 이것은 있을 수 없는 일 아닐까요? 사실 조선 왕들의 초상화는 최근까지도 다 남아 있었답니다. 그런데 6·25 전쟁이 터졌을 때 전란을 피하기 위해 서울에 있던 그 어진들을 모두 부산으로 옮겼답니다. 여기까지는 문제가 없습니다. 그런

태조 이성계 어진(왼쪽) 태조의 어진은 총 26점이 있었으나 현재 단 1점이 남아 있다.(국보 제317호, 전주 경기전 어진박물관 소장)

영조 어진(가운데) 51세 때 모습을 그린 것이지만 원본은 한국전쟁 때 소실되었고 1900년에 원본을 보고 그린 것이다.(보물 제932호, 국립고궁박물관 소장)

철종 어진(오른쪽) 철종 12년(1861)에 제작된 것인데 그림의 3분의 1이 소실되었다. 임금이 군복을 입고 있는 유일한 그림이다.(보물 제1492호, 국립고궁박물관 소장)

데 참으로 안타깝게도 전쟁이 끝난 다음 1954년에 그 어진을 포함해 그곳에 보관되어 있던 궁중 유물들을 서울로 가져오려고 하던 중 그만 보관소에 불이 나 다 타버렸답니다. 그때 남은 것은 타다가 반쪽만 남은 철종 것밖에 없었답니다. 태조의 어진은 전주 경기전에 걸려 있는 것이 있어 온전하게 보존할 수 있었습니다.

조선 왕들의 초상화도 이렇게 제대로 보존 못 한 우리인데 저 직지가 그냥 한국에 있었으면 어땠을까 하는 생각을 해봅니다. 사실이지 현재 남아 있는 직지도 상권은 없어졌고 하권만 남아 있는 것입니다. 이런 것을 보아도 이 책이 한국에 있었으면 어찌 됐을까 하는 생각을 하게 됩니다. 그리고 이 하권마저도 표지는 원래의 것이 아니고 최근에 다시 만든 것입니다. 그만큼 험난한 과정을 거쳐 이 책이 프랑스에라도 있으니 얼마나 다행인지 모릅니다.

잊지 말아야 할 박병선 박사의 업적

이 직지가 세상에 알려지는 데는 또 한 분의 영웅이 필요했습니다. 박병선 박사님이 바로 그 주인공입니다. 이분이 이 직지를 발견하고 인정받게 된 데에도 뒷이야기가 있습니다.

박사님은 서울대 사범대 역사교육과를 나왔는데 1955년에 파리 제7대학으로 유학을 갑니다(소르본 대학교와 프랑스 고등교육원). 그곳에서 역사학과 종교학으로 박사학위를 받고 1967년부터 파리 국립도서관에서 특별보조원으로 근무하게 됩니다. 바로 그때 직지를 발견하게 된 겁니다. 사실 박사님은 학부 시절의 은사인 이병도 교수로부터 '병인양요 때 프랑스 군대가 훔쳐 간 우리 외규장각 도서가 있다고 하는데 유학을 가게 되면 그걸 한번 찾아보라'는 말을 들었는데, 이를 내내 가슴에 품고 있었다고 합니다. 그래서 10여 년 간 도서관과 박물관 등을 뒤지고 다녔는데 1967년 프랑스 국립도서관에서 외규장각 도서를 찾던 중 마침내 직지를 먼저 발견하게 된 겁니다. 이때 그분의 나이는 39세였습니다.

직지는 중국 서고에 있었습니다. 프랑스 사람들은 한문을 잘 모르니까 직지를 중국 책 칸에 놓아두었던 모양입니다. 그 사람들은 이 책이 한문으로 되어 있으니까 중국 책으로 생각한 것인데 이 책이 인류의 서책사(書册史)를 바꿀 엄청난 책이라는 것은 꿈에도 몰랐을 것입니다. 그러나 이 책에는 맨 뒤에 1377년 '청주목외(牧外) 흥덕사'에서 인쇄되었다고 정확히 쓰여 있었고 쇠붙이를 녹여 부어 만든 활자(鑄字), 즉 금속으로 인쇄했다는 엄청난 사실이 적혀 있었습니다(宣光七年丁巳七月 日 淸州牧外興德寺 鑄字印施). 앞에서 보았듯 이 글귀가 나온 페이지 사진을 첨부했으니(96쪽) 확인해보시기 바랍니다.

박사님은 한국 사람이었으니 우선 이 청주가 우리나라 충청북도 청주라는 것을 알았습니다. 그러나 당시 프랑스 사람들은 이 사실들을 믿지 않았습니다. 특히 금속활자를 이용해 인쇄한 책이라는 사실을 인정하지 않았습니다. 박사님은 하는 수 없이 당신 자신이 직접 이 사실을 증명하기 위해 독학을 하고 여러 실험을 했습니다. 국내에 연락해봐야 금속활자에 대해 아는 사람이 없어 거의 매일 밤을 새워가며 독공을 한 것이지요. 주로 일본이나 중국 자료를 가지고 연구했다고 하더군요. 연구만 한 게 아닙니다. 이 책이 금속활자로 인쇄되었다는 것을 밝히려면 실험도 필요했습니다. 금속으로 활자 만들기를 직접 재연하기 위해 감자나 지우개로 이런저런 실험을 하다가 급기야 집에 세 번이나 불을 내는 등 여러 우여곡절이 있었지만 드디어 박사님은 이 책이 금속활자 인쇄본이라는 확증을 얻게 됩니다.

5년 뒤인 1972년, 마침 유네스코 후원으로 파리에서 책의 해 기념 고서(古書) 전시회가 열리게 되는데, 박병선 박사는 여기서 직지를 공개합니다. 이는 한국 책이며 1377년에 금속활자로 찍은 세계에서 가장 오래된 금속활자본이라는 사실을 발표한 겁니다. 전 세계 학계는 발칵 뒤집혔습니다. 보고도 믿기지 않는 사실에 항의도 거셌습니다. 왜냐하면 그때까지만 해도 세계 최초로 금속활자를 발명한 나라는 명실상부 독일이

박병선 박사(1928~2011)는 프랑스인이 가져간 『불조직지심체요절』과 약탈당한 외규장각 『조선왕조의궤』를 발견해낸 문화 영웅이다.(문화재청 사진)

직지가 세계에서 가장 오래된 금속활자 인쇄본이라고 공인되었음을 1면 특종 보도한 신문 기사(조선일보 1972년 5월 28일자)

었고 가장 오래된 금속활자 인쇄본은 구텐베르크의 『42행 성서』(1455)였기 때문입니다. 직지가 구텐베르크 성서보다 78년이나 앞선 것이라니, 또 그게 한국 것이라니 세계 학계는 이 사실을 선뜻 받아들이기 힘들었을 겁니다. 한국 학자들도 그녀가 고군분투할 때 힘을 실어주지 않았습니다. 하지만 박사님의 집념과 열정으로 이 전시회 때 직지는 세계에서 가장 오래된 금속활자 인쇄본이라는 사실이 입증되어 국제적으로 공인받았고 2001년에는 세계기록유산에 등재됩니다.

　박사님은 또 다른 우리의 고서, 약탈당한 외규장각 도서도 찾아냅니다. 은사였던 이병도 교수가 말한 우리 옛 책들 말입니다. 프랑스 해군은 병인양요(1866) 때 강화도에 있는 왕실 도서관인 외규장각을 습격해 많은 도서들을 훔쳐 갔습니다. 그때 프랑스 해군이 가져갔으니 프랑스 어딘가에 있을 것이라 생각해 박사님에게 찾아보라고 권한 것입니다.

그래서 박사님은 유학 시절부터 이 도서들을 찾아야 한다는 의무감 같은 게 있었던 모양입니다. 빼앗긴 외규장각 도서들은 좀처럼 나타나지 않았습니다. 그러나 마침내 1975년에 이 책들이 발견됩니다. 그것도 폐기될 책들을 모아두는 베르사유 궁의 '파손 서적 보관 창고'에서 찾아내셨으니 더 대단하다고 하겠습니다. 한달음에 찾아갔던 그곳의 사서가 들고 나온 큰 책, 그것은 다름 아닌 『조선왕조의궤』(이하 '의궤')였습니다. 프랑스 군대가 가져간 외규장각 도서에는 의궤가 포함돼 있었는데 그 규모가 191종 298책이었습니다. 이로써 박사님은 드디어 오랜 시간 가슴에 품고 있던 숙제를 해결한 것입니다. 프랑스에 있다고만 알고 있었던 우리 외규장각 도서(340여 책) 중 많은 분량을 찾아냈으니까요.

외규장각에 있던 의궤를 발견한 박사님은 너무 기쁜 나머지(당시 길거리를 가다가도 벙글벙글 웃음이 나왔다고 합니다.) 한국 정부에 알렸는데 이를 싫어한 파리 국립도서관 측에서 1979년에 박사님을 권고사직시켰답니다. 비밀을 누설했다는 것이지요. 한국 정부와 학자들 역시 직지 때와 마찬가지로 그녀를 외면했다고 합니다. 심지어 외무부에서는 왜 자꾸 이런 걸 끄집어내서 골치 아프게 하냐며 제발 좀 가만히 있으라고 했다고 합니다. 그러나 프랑스 측의 사실상의 해고도 한국 정부와 학계의 지속적인 냉대도 박사님의 의지를 꺾지는 못했습니다. 박사님은 해고된 후에도 개인 자격으로 10년 동안 매일 도서관에 가서 점심도 걸러가며 그 방대한 규모의 의궤 내용을 다 정리했다고 합니다. 도서관 측은 그 책을 하루에 한 권씩만 보게 했다나요. 아무튼 박사님의 열정과 의지는 그 어떤 장애도 막을 수 없을 만큼 대단했습니다.

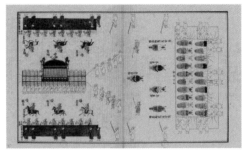

정조의 국장을 기록한 〈정조국장도감의궤〉(왼쪽) (서울대 규장각 소장)
장렬왕후(인조의 계비)의 국장을 기록한 〈장렬왕후국장도감의궤〉(오른쪽)(프랑스 국립도서관 소유, 한국 국립중앙박물관 보관)
『조선왕조의궤』는 왕의 탄생, 책봉, 즉위, 혼인, 장례 등 왕실의 주요 순간들을 그림과 함께 기록한 책이다. 〈국장도감의궤〉에는 흰옷 입고 상여 메고 가는 행렬과 곡하는 궁녀 등 제반 모습을 생생하게 묘사하고 있다.

의궤는 프랑스가 가져간 것 외에도 현재 서울대 규장각에 3,000여 책, 한국학중앙연구원 장서각에 500여 책이 전하고 있습니다. 우리가 소유하고 있는 이들 의궤는 이미 세계기록유산입니다(2007년도 등재). 그런데 프랑스에서 찾아낸 외규장각 의궤는 모두가 어람용(임금이 열람하도록 만든 의궤)이어서 수준이 매우 높다고 합니다. 이 역시 프랑스 국립도서관 측이 반대하지 않으면 세계기록유산에 등재를 신청할 수 있습니다.

한편 프랑스에 있던 외규장각 의궤는 빼앗긴 지 145년 만인 지난 2011년에 비록 영구 임대 형식이지만 우리에게 돌아왔습니다(297책). 이 것은 전적으로 박사님의 공입니다(그러나 아직도 소유권은 프랑스에 있으니 박사님의 당부대로 이 의궤가 한국에 영원히 남도록, 다시는 프랑스에 가지 않도록 우리 모두가 지켜야 하겠습니다). 박사님이 이렇게 의궤를 다 정리해놓았기에 우리가 당당하게 반환을 요구할 수 있었습니다. 이렇게 평생을 프랑스에서 우리 책 발견과 연구에 힘을 쏟은 박사님은 2009년에 귀국하여 당신이 찾아낸 의궤가 모두 고국으로 돌아온 것을 보고 2011년에 세상을 떠나게 됩니다.

우리의 보물들이 이렇게 우리에게 전달될 수 있었던 것은 이런 영웅들이 계셨기 때문에 가능한 것이었습니다. 실록이 그렇고 이제 곧 보게 될 대장경도 그렇습니다. 모두 영웅적인 분들의 헌신적인 노력 덕분에 절멸되지 않고 우리에게 전해진 것입니다. 그런데 우리 후손들은 이분들의 노고는커녕 이분들의 존재조차 모르는 경우가 많습니다. 역사 시간에도 가르쳐주지 않습니다. 하루빨리 이런 분들을 기리는 날을 만들어 자라나는 우리 자손들에게 알려야 하겠습니다.

금속활자 발명의 세계사적 의의

미국의 『더 라이프(The Life)』라는 잡지사에서는 지난 1998년, 21세기에 접어들면서 지난 1,000년 동안 있었던 일 가운데 가장 중요한 100대 사건을 꼽아 특별호를 통해 발표한 바 있습니다(THE MILLENNIUM–100 events that changed the world). 그런데 놀랍게도 그 1위가 무엇인 줄 아십니까? 다름 아닌 구텐베르크의 금속활자 발명이었습니다(물론 한국이 14세기에 금속활자를 사용했다는 점을 명시하고 있습니다). 우리가 그냥 생각하면 그까짓 금속활자가 무엇이 그리 대단해서 가장 중요한 사건이 되었냐고 반문할 수 있을 겁니다. 그러나 이야기를 자세히 들어보면 금속활자의 발명은 정말 대단한 발명이었던 것을 알 수 있습니다.

유럽은 금속활자가 발명되고 나서 문화가 비약적으로 발전하게 됩니

復(복)

개성의 개인 무덤에서 출토된 것으로 전해지는 고려 시대 금속활자 실물 (왼쪽)(국립중앙박물관 소장)
2015년 개성 만월대 남북 공동 발굴터에서 출토된 고려 시대 금속활자 실물(오른쪽)

다. 그럴 수밖에 없는 것이 문화의 발전에는 책이 필수불가결하기 때문입니다. 책이 있어야 정보나 지식을 공유할 수 있습니다. 책을 통해 정보가 확산되면서 많은 사람들의 두뇌가 함께 작동합니다. 그렇게 해서 집단적 지성이 움직이게 되면 엄청난 발전이 아주 빠른 속도로 진행될 수 있습니다.

그렇게 모이고 발전된 지식과 정보는 책을 통해 다음 세대로 전해지게 됩니다. 그러면 다음 세대에서도 똑같은 일이 벌어집니다. 이렇게 지식과 정보가 축적되면 사회가 얼마나 빠르게 발전하겠습니까? 금속활자가 발명되기 전까지는 이런 일이 가능하지 않았습니다. 그 시대에 책이란 엄청나게 비싼 사치물과 같은 것이었습니다. 이때에 주로 통용되던 책은 양피지로 만든 것이었습니다. 이렇게 만든 책은 아무래도 부피가 클 뿐만 아니라 비싸기 때문에 여러 사람들이 공유하는 물건이 되지는 못했습니다. 따라서 귀족이나 사제처럼 극히 소수의 사람만이 책을 가질 수 있었습니다.

이 때문에 '활자가 있는 곳에 혁명이 있다'는 말이 나오기까지 했습니다. 유럽 사회에 있었던 많은 혁명들, 즉 종교혁명이나 과학혁명, 산업혁명 등이 모두 이 금속활자의 발명에 힘입은 것이라고 알려져 있습니다. 예를 들어 종교혁명을 일으킨 마르틴 루터도 기존 가톨릭 제도의 부당함에 대해 이 금속활자를 가지고 인쇄를 해 여러 교회에 돌렸다고 하지요. 다른 혁명의 발생에도 활자가, 그리고 그것으로 인쇄한 책이 극히 중요한 역할을 했습니다. 그래서 활자가 있는 곳에 혁명이 있다고 하는 것입니다.

그래서 유럽은 활자가 발명되면서 비약적인 발전을 하게 됩니다. 우리 동아시아가 유럽에 밀리기 시작한 것은 이 금속활자의 발명과 때를 같이하는 것 아닌지 모르겠습니다. 그 전까지 아시아는 유럽의 나라들에게 밀릴 게 없었습니다. 그러나 활자의 발명 이후에는 서서히 사정이 달라져 최근 200~300년 동안은 우리 아시아가 역사상 처음으로 유럽에 처지게 됩니다.

그런데 우리나라가 금속활자의 최초 발명국이라고는 하지만 인정해야 할 것이 있습니다. 최근까지 인류가 사용하던 인쇄술은 구텐베르크가 시작한 인쇄술이지 우리나 중국이 발명한 기술이 아니라는 점입니다. 구텐베르크가 금속활자를 발명한 후 유럽에서는 여러 나라의 기술자들이 나서서 인쇄술을 발전시켜나갔습니다. 그리고 그 기술이 전 세계로 퍼지게 됩니다. 우리가 근세에 쓰던 인쇄술도 바로 이 인쇄술입니다. 그런데 참으로 희한하지 않습니까? 금속활자는 우리가 세계 최초로 발명해놓고 다른 나라의 기술을 쓰고 있었으니 말입니다.

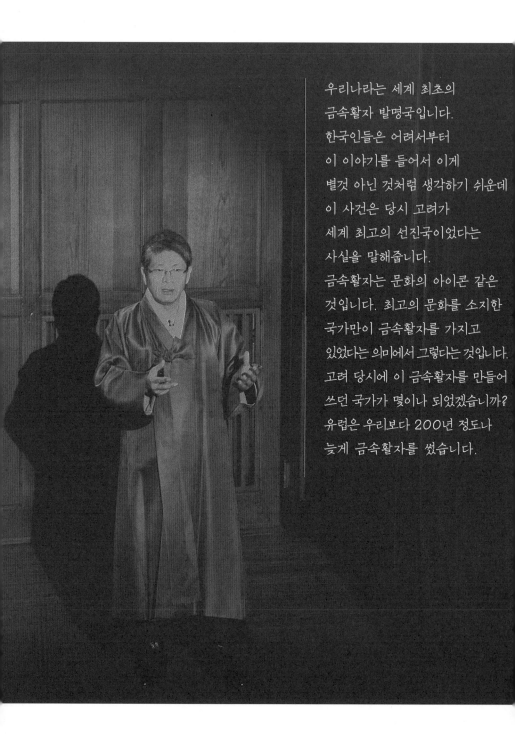

우리나라는 세계 최초의
금속활자 발명국입니다.
한국인들은 어려서부터
이 이야기를 들어서 이게
별것 아닌 것처럼 생각하기 쉬운데
이 사건은 당시 고려가
세계 최고의 선진국이었다는
사실을 말해줍니다.
금속활자는 문화의 아이콘 같은
것입니다. 최고의 문화를 소지한
국가만이 금속활자를 가지고
있었다는 의미에서 그렇다는 것입니다.
고려 당시에 이 금속활자를 만들어
쓰던 국가가 몇이나 되었겠습니까?
유럽은 우리보다 200년 정도나
늦게 금속활자를 썼습니다.

그럼 우리나라나 중국은 왜 금속활자 기술을 발전시키지 않았을까요? 첫 번째 이유는, 우리 쪽은 돈을 벌려고 활자를 만든 것이 아니기 때문일 겁니다. 그에 비해 구텐베르크는 기독경(성서)를 찍어 돈을 벌 요량으로 첫 번째 인쇄부터 180부나 찍습니다. 이것은 대단한 기술입니다. 우리가 고려 대에 사용하던 기술로는 이렇게 많은 부수를 찍지 못합니다. 반면에 구텐베르크는 돈을 벌기 위해 전심전력을 다해서 이런 쾌거를 이룩한 것입니다. 돈은 이렇게 사람을 미치게 만듭니다.

반면 고려나 조선은 이 신기술을 민간과 공유하지 않고 왕실의 점유물로만 놓아두게 됩니다. 그래서 기술적으로 발전시킬 필요를 그리 못느끼게 됩니다. 그저 왕실이나 소수의 귀족 사이에서만 통용되는 책을 인쇄했습니다. 아니면 유교 같은 왕조의 이데올로기를 알리기 위해 이 활자가 필요했을 뿐 상업적인 가치는 전혀 생각하지 않았습니다. 그래서 첫 번째 활자를 발명했을 때 그 활자를 가지고 만든 활판으로는 10부도 못 찍었다고 하는 이야기도 있습니다. 활판 만드는 기술이 많이 부족했던 모양입니다. 그래서 단 몇 부만 찍어도 활자가 비뚤게 되어 더 이상 찍기가 힘들었다고 하더군요. 그나마 조선 초 세종 때 이 활판 인쇄술이 많이 발전하게 되는데 이때에도 한 번에 30~40부 정도만 찍을 수 있었다고 합니다.

고려나 중국이 금속활자 인쇄술을 발달시키지 않은 또 하나의 이유는 이 나라들에 아주 발달된 목판술이 있었기 때문입니다. 목판본은 만들기는 힘들지만 그것으로 인쇄하는 것은 아주 쉽습니다. 목판에 먹을 바르고 그 위에 한지를 덮은 다음 문지르면 되니 얼마나 쉽습니까? 이렇게 쉬운 인쇄술을 놔두고 그 어려운 금속활자 인쇄술을 발전시킬 필요

직지가 제작된 흥덕사 터에 세운 청주 고인쇄박물관(충북 청주시 흥덕구)
이곳에서는 직지에 대해 배우고 인쇄 체험 등을 할 수 있다.(국립박물관문화재단, 한국박물관협회 자료)

가 없었겠지요.

그러나 사정이 어찌 됐든 우리나라는 세계 최초의 금속활자 발명국입니다. 한국인들은 어려서부터 이 이야기를 들어서 이게 별것 아닌 것처럼 생각하기 쉬운데 이 사건은 당시 고려가 세계 최고의 선진국이었다는 사실을 말해줍니다. 금속활자는 문화의 아이콘 같은 것입니다. 최고의 문화를 소지한 국가만이 금속활자를 가지고 있었다는 의미에서 그렇다는 것입니다. 고려 당시에 이 금속활자를 만들어 쓰던 국가가 몇이나 되었겠습니까? 유럽은 우리보다 200년 정도나 늦게 금속활자를 썼습니다.

세계 최고의 경제력이나 정치력, 문화력을 갖고 있지 않으면 이런 최고봉의 문화물을 만들어내기가 불가능합니다. 지금 우리나라가 세계 최고의 IT 강국이라고 하는데(물론 하드웨어에서만 그렇지 소프트웨어는 아직 아닙니다.) 우리나라는 이전부터 이렇게 IT 강국이었습니다. 고려나 조선은 말할 것도 없고 통일신라나 삼국시대에도 우리나라는 세계적인 IT 강국이었습니다.

　이러한 이야기는 청주 흥덕구에 있는 고인쇄박물관에 가면 더 자세하고 생생하게 만날 수 있습니다. 혹시 청주에 들를 기회가 있으면 꼭 방문해보시기 바랍니다. 세계적인 보물이 만들어진 곳이니 더더욱 의미가 깊은 장소라 하겠습니다.

| 6 |

가장 오래된 최고의 한역 대장경,
해인사 팔만대장경

이제 문기 부분에서 마지막 항목에 다다랐습니다. 이번에 볼 유산은 팔만대장경(고려대장경)입니다. 한국 사람치고 팔만대장경을 모르는 사람은 하나도 없을 겁니다. 국사 시간에 배웠을 테니 말입니다. 그런데 국사 시간에 배운 팔만대장경은 참으로 무미건조했습니다. 기껏 하는 말이 "팔만대장경은 거란이나 몽골이 쳐들어왔을 때 부처님 힘을 빌려 그들을 격퇴하려고 만들었다." 하는 정도이고 이 유물이 얼마나 대단한 건지는 제대로 이야기해주지 않았습니다.

게다가 이 경판(그리고 경판을 보관하고 있는 장경판전)들이 만든 지 근 800년이 지난 지금까지 남아 있다는 것이 무엇을 의미하는지에 대해서도 전혀 조명하지 않았습니다. 나무로 만든 경판이 지금까지 남아 있다는 것은 차라리 기적입니다. 나무라는 것이 어떤 것입니까? 나무는 불에 약합니다. 약해도 아주 약합니다. 그래서 불이 닿으면 바로 타서 없어집

고려대장경

이 대장경은 고려 때 제작되어 고려대장경이라 불리기도 하고 다시 만든 것이라 재조대장경이라고도 하며 판수가 8만여 매(81,258매)에 달하는 데다 8만 4,000법문을 실었다 하여 팔만대장경이라고도 불린다. 현존 한역 대장경 중에서 가장 오래되었고[最古] 완벽하다는 점에서[最高] 큰 가치가 있다.(국보 제32호, 해인 사 소장, 문화재청 사진)

니다. 그런데 해인사 경판은 아직까지도 남아 있습니다. 한국인들은 어려서부터 팔만대장경에 대해 하도 많이 들어 그 귀중함을 모르고 있습니다. 이 경판과 경판전이 어떻게 지금까지 보존될 수 있었는지는 나중에 다시 자세하게 이야기할 예정입니다.

가장 오래된 최고의 대장경

우리는 살면서 알아야 할 것들이 너무나 많습니다. 정보가 하도 많아 그것들을 다 기억하는 일은 거의 불가능할 지경입니다. 그래서 간결하게 핵심만 모아서 정보를 축약해야 합니다. 그래야 나중에 조금이라도 기억에 남게 됩니다. 앞에서 실록을 볼 때 '세계에서 가장 긴 단일 왕조 역사서'라고 한 것처럼 이 대장경에 대해서도 간단하게 그 핵심을 표현해야 합니다. 그러면 무엇이라고 하면 될까요?

아주 간단합니다. 우리 팔만대장경은 한문으로 번역된 대장경 가운데 가장 오래됐으며〔最古〕 제일 좋은 것〔最高〕이라고 하면 됩니다. 이렇게 쓰는 것보다 영어로 표현하는 것이 더 간단합니다. 'oldest & best'라고 하면 끝이기 때문입니다. 이 두 가지 사실만 제대로 파악하면 고려대장경의 우수함이 모두 드러납니다. 중국에서는 과거에 수차례에 걸쳐 산스크리트어로 쓰인 불교 경전이 한문으로 번역됩니다. 그리고 이 경전들을 모아 대장경을 만들었습니다. 대장경에 대해서는 뒤에서 자세하게 설명할 예정인데 이렇게 해서 만들어진 대장경 가운데 우리 것이 'oldest & best'라는 것입니다.

이 두 가지 특징이 어떻게 해서 나온 것인지 알아볼까요? 우선 고려 대장경은 숱하게 만들어진 대장경 가운데 왜 가장 오래된 것이라고 할까요? 한국인들이 인정하기 싫겠지만 우리가 갖고 있는 문화물들은 중국에서 온 것이 많습니다. 이것은 어쩔 수 없는 상황이었을 겁니다. 아시다시피 우리나라의 영토는 인류의 4대 문명 중의 하나인 중국에 붙어 있습니다. 그러니 그 대단한 문화가 우리나라로 흘러들어 오는 것은 당연한 일입니다.

우리는 중국 옆에 바짝 붙어서 중국의 최첨단 기술과 문화를 다 우리 것으로 만들었습니다. 이것은 중국이 알아서 가져다준 것이 아닙니다. 우리 조상들이 기민하게 중국 것을 빼 온 것입니다. 물론 중국에서 먼저 보내온 것도 있습니다마는 우리가 알아서 가져온 것이 더 많을 겁니다. 예를 들어 화약 같은 것이 그렇습니다. 화약 만드는 기술 같은 것은 군사기밀이어서 중국에서 절대로 다른 나라에 알려주지 않았습니다. 이랬던 것을 고려 말에 최무선이 갖은 수를 다 써 중국인들로부터 그 기술을 빼 오는 데에 성공합니다.

공연히 우리의 주제와 다른 것을 예로 삼은 것 같은데요, 앞에서 본 실록도 마찬가지 아닙니까? 실록을 만드는 것도 역시 완전히 중국식 제도인데 우리의 실록이 그들 것을 능가하지 않았습니까? 이런 것들이 너무 많아 다 거론하기가 힘듭니다. 음악은 어떻습니까? 중국에서는 진즉에 없어진 아악 중 제사 음악이 서울 명륜동에 있는 성균관에서는 600년 이상 연주되고 있습니다.

불교도 마찬가지입니다. 당나라 때 행해지던 불교의 관습, 이를테면 예불하는 관습이나 법회하는 모습들은 부분적으로 우리나라에만 남아 있습니다. 중국에도 없고 일본에도 없습니다. 그러니까 중국 불교, 혹은 동북아 불교의 원형은 비록 부분적이긴 하지만 우리에게만 남아 있는 것입니다. 저는 이런 것들을 한데 모아 논문(「동북아 문명의 창조적 시원과 발전적 보전의 두 주역, 중국과 한국 – 종교 사상과 의례를 중심으로」, 『한국문화연구』 제23집)으로 발표한 적이 있는데 일반 독자들은 이 논문을 접하기가 쉽지 않아 안타깝습니다.

이렇게 보면 이른바 중화 문명의 실체는 중국에 있는 것이 아니라 한국에 있는 것이 됩니다. 일본에도 이런 것은 없습니다. 일본에 남아 있는 것은 주로 건축과 같은 하드웨어적인 물질문화이지 소프트웨어는 거의 남아 있지 않습니다. 예를 들어 교토 같은 도시에 있는 수많은 아름다운 옛 건축물들은 당나라와 백제, 신라 것들의 복제품이라 할 수 있습니다. 물론 일본식으로 변형된 면은 있지만 그 기본 틀은 당나라와 백제의 것입니다. 이런 건축 문화에 대해서는 일본이 잘 보전했지만 그들은 실록이니 대장경이니 하는 IT 문화는 거의 발전시키지 못했습니다. 그러나 우리 조상들은 중화 문명의 정수를 잘 보존했고 지금까지 전승해 주었습니다. 우리 후손들은 이런 면을 매우 자랑스럽게 생각해야 하는데 이 사실을 아예 알지 못하니 자랑이고 뭐고 없습니다.

대장경의 특성을 이야기하다 조금 옆으로 샜습니다. 고려대장경이 한문으로 된 대장경 가운데 가장 오래되었다는 것은 다음과 같은 상황 때문입니다. 고려대장경은 중국 것을 모방한 것입니다. 대장경이라는 체제를 인도나 중국에서 만든 것이니 고려는 그것을 따라가는 수밖에 없었겠지요. 그러나 중국 것을 그대로 답습한 게 아니라 완벽하게 만들어 최고의 수준으로 올렸습니다. 요샛말로 하면 '버전 업'시킨 것이지요. 그래서 그 이전에 만들어진 송이나 거란의 대장경보다 훨씬 나은 대장경이 나왔다고 전문가들은 지적하고 있습니다.

그런데 우리 대장경 이전에 만들어졌던 중국의 대장경들은 모두 불에 타서 없어졌습니다. 그래서 우리 것이 가장 오래된 대장경 세트가 된 것입니다. 앞에서 말한 것처럼 목판들은 불에 취약하기 때문에 전쟁 통에 조금이라도 불이 나면 다 소실되고 맙니다. 고려도 예외가 아니었습니다. 지금 해인사에 소장되어 있는 대장경은 고려가 두 번째로 만든 것입니다. 첫 번째 것은 지금으로부터 약 1,000년 전에 만든 것으로 대구 팔공산 부인사에 있었는데 몽골의 2차 침입(1232) 때 몽골군에 의해 전소됩니다. 아마 이때 몽골군은 이 대장경이 고려 사람들에게 사회적 통합감을 준다는 사실을 알았기 때문에 고려인들의 기를 꺾으려고 불을 지른 것일 것입니다. 이때 불탄 대장경은 보통 초조(初雕)대장경이라 하고 다시 만들어진 현 해인사 소장 대장경은 재조(再雕)대장경이라 부릅니다.

고려 정부는 첫 번째 대장경이 없어진 것에 아랑곳하지 않고 1236년에 새로 대장경을 만들기 시작합니다. 이 정도면 대장경을 만든 이유 중의 하나가 밝혀지는 것 같습니다. 그렇지 않습니까? 당시는 한창 전쟁 중인데 고려 정부가 할 일이 없어 싸울 생각은 안 하고 대장경 같은 것이나 만들겠습니까?

고려의 정치인들은 전쟁 중에 가장 중요한 것은 민심을 결집하는 일임을 알았을 겁니다. 그래서 대장경을 만들어 '부처님은 우리 편이니 우리가 이길 수 있다'는 자신감을 국민들에게 심어주려고 했을 것입니다. 그 증거로 대장경을 만든 것이지요. 고려의 정치인들이 바보이겠습니까? 대장경을 만들면 민심이 결집되어 전쟁에 유리할 것이라는 합리적인 판단을 하고 이 사업을 시작한 것 아닐까요?

어떻든 이렇게 해서 고려 정부는 다시 대장경을 만들었는데 그 이전에 만들어졌던 중국의 대장경은 현재 남아 있는 것이 없어서 우리 대장경이 가장 오래된 것으로 남은 것입니다. 중국 것들은 안타깝게도 전란 중에 다 타버려 남아 있지 않게 된 것입니다. 이것만 보아도 이 대장경 경판이 남아 있다는 게 얼마나 대단한 일인지 아시겠지요?

그리고 방금 말한 것처럼 세계 유수의 선진국이었던 고려는 대장경을 중국보다도 더 잘 만들어 최고의 목판을 만들어냅니다. 얼마나 잘 만들었는지는 곧 뒤에서 보게 됩니다. 그래서 대만이고 일본이고 대장경을 만들려고 할 때에는 우리 것을 저본으로 삼고 거기에 부연해 만들었다고 합니다. 우리 대장경의 체제가 워낙 완벽하니 우리 것만 흉내 내면 된다고 생각한 것 같습니다.

우리 대장경을 본뜬 대표적인 것이 일본의 '신수대장경'입니다. 일본은 1920년대와 1930년대에 걸쳐 불교의 모든 경(대승이나 소승을 막론하고 모든 불교의 경전)을 모아 경판을 만들었는데 이때에도 고려대장경을 기본으로 하고 거기서 빠진 것을 보충해서 자기들의 대장경을 만듭니다. 그러나 이때 일본인들은 우리의 대장경처럼 경판을 만든 것은 아니고 그냥 인쇄해서 책으로 냈습니다. 따라서 학술적인 가치는 뛰어난데 문화재로서의 가치는 그다지 높이 평가받지 못하고 있습니다.

대장경이란 과연 무엇인가

지금까지 설명하면서 대장경이라는 단어를 많이 사용했는데 이 단어에 너무 친숙한 나머지 이게 무엇을 뜻하는지 모르는 사람이 많은 것 같습니다. 또 이 대장경이 무엇을 뜻하는지 알아야 고려대장경에 대해서도 제대로 이해할 수 있습니다.

아주 오래전의 이야기입니다. 불교가 완전하게 틀을 잡은 뒤 승려들은 불교 경전을 체계적으로 정리하려 했습니다. 복잡한 중간 과정은 다 생략하고, 그들은 이것을 경, 율, 논이라는 세 가지 범주로 정리했다는 것만 말하겠습니다. 여기서 '경(經)'이란 부처님의 말씀을 말하고, '율(律)'은 승려들이 지켜야 할 계율을 말하며, '논(論)'은 고승들이 쓴 논문 같은 것을 말합니다. 이것을 합해서 '삼장(三藏)'이라고 하는데 이 삼장이라는 단어는 원래 세 개의 광주리(basket)를 뜻합니다. 이 세 종류의 경을 세 개의 광주리에 나누어 넣었기 때문에 이런 이름이 나온 것입니다.

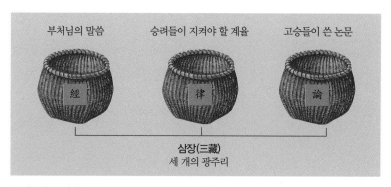

삼장(三藏)은 경(經), 율(律), 논(論)의 세 광주리를 말한다.
이 같은 경률론(經律論)에 통달한 사람을 '삼장법사'라 불렀다.

그리고 이 세 가지, 즉 '경률론'에 통달한 사람을 '삼장법사'라 불렀지요. 이 세 가지는 우선 양이 엄청 많습니다. 부처님의 가르침이 다 들어 있으니 많을 수밖에 없습니다. 그러니 이 세 가지 가르침을 완전하게 통달하는 것은 엄청 어려운 일입니다. 그러니 삼장법사라는 이 칭호는 불교에서 승려를 기리는 가장 높은 칭호라 할 수 있습니다. 우리가 잘 알고 있는 삼장법사는 『서유기』에 나오는 현장(玄奘)이지요? 삼장법사는 현장 스님에 대한 경칭이지 그의 법명은 아닙니다. 현장은 이 삼장을 다 통달했기 때문에 삼장법사라 불리면서 나라 전체에서 추앙을 받았습니다.

대장경이란 바로 불교의 가장 중요한 세 가지 가르침이 다 포함된 것을 말합니다. 그러니까 불교 교리의 종합세트라고나 할까요? 이 안에 불교의 모든 것이 있습니다. 불교에서 제일 중요한 것은 부처님의 가르침입니다. 왜냐하면 불교의 목표는 깨달음인데 깨달으려면 부처님의 가르침에 따라 공부를 하고 수행을 해야 하기 때문입니다.

이 부처님의 가르침이 가시화된 게 바로 대장경입니다. 따라서 불교에서 이 대장경의 위치가 얼마나 중요한지 모릅니다. 그런 까닭에 불교를 국교로 믿는 국가에서는 대장경의 간행에 총력을 기울였습니다. 대장경을 만들 수 있어야 강국으로 추앙받을 수 있었기 때문입니다. 그래서 어떤 이는 이 대장경을 핵폭탄에 비유하기도 했습니다. 그만큼 비중이 있다는 것이죠.

핵폭탄이 있는 나라는 다른 나라들이 넘볼 수 없지 않습니까? 그와 마찬가지로 이 대장경을 소지하고 있는 국가는 다른 나라들이 침공하지 못했다고 합니다. 대장경을 만들 수 있는 국력이 있다면 정치력이나 경제력은 말할 것도 없고 문화력이 최고로 강할 터이니 그런 나라는 함부로 할 수 없는 것이지요. 그래서 같은 한자 문화권인 일본에서도 대장경을 만들려고 했지만 실패합니다. 일본은 대장경을 만들 수 있는 힘이 없었던 것이지요. 이 때문에 일본에서는 조선 정부에게 끈질기게 대장경을 양도하라고 부탁하게 되는데 이에 대해서는 나중에 다시 보겠습니다.

대장경을 만드는 지난한 과정

도대체 대장경 만드는 것이 얼마나 힘들기에 일본 같은 나라가 성공하지 못했던 것일까요? 이제 그것에 대해 알아볼 텐데 다 듣고 나면 여러분들은 놀랄 것입니다. 그저 고려대장경이 있다고만 알았지 이게 얼마나 만들기 힘들고 큰 의미가 있는지 알지 못했음을 깨닫게 될 것이기 때문입니다. 그런데 여러분들은 이런 것을 배워본 적이 없을 겁니다. 참으로 이상합니다. 국사 시간에 이런 것을 가르쳐주지 않고 무엇을 가르쳐주는지 모르겠어요. 이런 재미있는 정보를 알려주지 않고 정치사만 이야기하니 국사가 재미있을 리가 없지요.

우선 대장경이 얼마나 되는지부터 볼까요? 우리 대장경은 팔만대장경이라고 불리는 것에서 알 수 있듯이 경판이 8만 개가 조금 넘습니다. 그런데 양면을 사용했으니 16만여 면에 글자를 새긴 것이 됩니다. 한 면에 글자 322자가 들어갑니다. 이렇게 되면 전체 글자 수는 5,200만여 자라는 엄청난 양이 됩니다. 그러니 이걸 새기는 작업이 얼마나 힘들었겠습니까? 자 그럼 이제부터 대장경을 만들어보지요.

우선 나무를 베어 와야겠지요. 지금 추정으로는 약 1만 5,000그루 정

나무	1만 5,000그루
종이	30만~40만 장
한지 제작자	1만 명
경전 베껴 쓰는 사람(필사자)	5만 명
판각수	12만 명
옻	400킬로그램
옻 채취자	1,000명

고려대장경 제작에 동원된 인원과 재료 소요량
(KBS〈역사스페셜〉의 추정 통계, 2009년)

도의 나무가 사용된 것으로 알려져 있습니다. 이때 사용한 나무는 대장경을 제작하는 곳 주위에 있는 나무를 주로 썼는데 산벚나무가 가장 많이(약 62퍼센트) 이용되었다고 합니다. 이런 나무들을 산에서 베어다 바다에 1~2년 동안 담가둡니다. 이렇게 말은 쉽게 할 수 있지만 이 과정을 생각해보십시오. 산에서 그 많은 나무들을 베어서 바닷가로 가져오는 일이 어디 쉽겠습니까? 그리고 이처럼 바닷물에 담그는 이유에 대해서는 나무를 가공하기 위해 그렇게 했다는 사람도 있고 그저 보관하려고 그렇게 했다고 주장하는 사람도 있습니다. 보관할 데가 마땅치 않아 바다에 띄워놓았다는 것이지요.

그다음 할 일은 이것을 판자로 만들어 소금물에 쪄서 그늘에 말리는 것입니다. 나무를 이렇게 찌는 것은 나무 안에 있는 진을 제거하고 수분 분포를 균일하게 해 나뭇결을 부드럽게 만들기 위해서라고 합니다. 이렇게 나무 가공에 정성을 기울이는 것은 나중에 나무가 틀어지고 터질 수 있기 때문에 그것을 방지하려는 것이지요. 그다음에는 그늘에서 1년여 동안 말립니다. 그늘에서 말리는 것도 이유가 있습니다. 양지에서 말리면 나무가 비틀어질 수 있어 응달에서 말린 것입니다. 경판은 판자를 다 말린 다음에 만들게 됩니다.

여기까지 오는 데도 세월이 벌써 3~4년 지났지요? 그럼 이제 경판을 만들 준비가 된 것입니다. 어떤 성미 급한 사람은 벌써 글자를 새기자고 하는데 아직 아닙니다. 글자를 새기려면 원고가 있어야 하지 않겠습니까? 그러려면 우선 종이가 있어야 합니다. 대장경의 면수가 16만여 면이니 종이도 그 정도 필요하겠습니다. 그러나 쓰다가 잘못 쓸 수 있어 종이는 이보다 2~3배가 필요합니다. 그렇게 되면 종이는 30~40만 장이 필요한 것이 됩니다. 이것은 어마어마한 양입니다. 그래서 한지 제작에만 1만여 명이 동원되었다고 합니다.

그런데 당시의 종이는 요즘 우리가 사용하는 종이와 다릅니다. 옛날 종이는 매우 비싼 귀중품에 속합니다. 왕실이나 관청에서도 매우 아끼는 물건이었습니다. 조선에서도 실록 편찬이 끝나면 남은 사초 종이를 태워버리지 않고 시냇물에 씻어 다시 썼다고 합니다. 지금 말로 하면 재활용이지요. 종이가 그만큼 비쌌기 때문에 왕실에서조차 그렇게 아껴 썼던 것입니다. 그런데 이런 종이가 30~40만 장이라면 엄청난 것입니다.

그다음에는 이 종이에 불경을 옮겨 적어야겠지요? 5,000만 자가 넘는 글자를 쓰려면 사람이 얼마나 많이 필요하겠습니까? 지금 추산으로 약 5만 명 정도 되는 사람들이 동원되어 글자를 썼다고 하더군요. 이것은 어려운 한자를 쓰는 작업이니 귀족이나 승려들밖에는 할 수 없는 작업입니다. 그런 사람이 5만 명이나 있었다니 대단하다는 생각이 듭니다.

그런데 또 한편에 드는 생각은, 만일 대장경 만드는 데에 인건비가 들었다면 과연 대장경 제작에 성공할 수 있었을까 하는 것입니다. 보십시오, 나무 자르는 것부터 해서 찌고 말리고 새기고 교정 보고 하는 작업에 수십만 명의 사람이 동원되지 않았겠습니까? 이 사람들에게 모두 임금이 지불되었다면 아마 선진국이었던 고려도 감당하지 못했을 것입

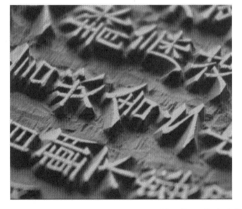

구양순체로 통일한 해인사 고려대장경 경판(왼쪽) 800여 년 전에 새긴 것이지만 마치 바로 새긴 듯 선명하다.(문화재청 사진)

강원도 월정사 소장 팔만대장경(오른쪽) 조선 고종 2년(1865)에 해인사 고려대장경 경판에서 직접 찍어온 것이다.(문화재청 사진)

니다. 단순하게 추정해보면, 막일을 하는 노비들에게는 당연히 임금이 없었을 것이고 필사하는 귀족이나 승려들은 공덕을 쌓는 셈 치고 임금을 받지 않았을 것입니다. 그러나 경판을 새기는 각수에게는 임금이 지급됐는지 잘 모르겠습니다.

다시 경전 필사 문제로 돌아가면, 여러 사람이 글씨를 적을 때 생길 수 있는 문제는 사람마다 글씨체가 다르다는 것입니다. 그러나 이 대장경을 만들면서 사람마다 글씨가 다르면 대장경 전체가 아주 우습게 됩니다. 이 천하의 보물을 그렇게 허투루 만들 고려 사람들이 아닙니다. 그래서 관계자들은 모든 글씨를 중국 당나라의 명필인 구양순체로 통일합니다. 그런데 이 글씨가 얼마나 좋았는지 전해오는 이야기에 따르면 조선 후기의 명필인 김정희가 이 대장경의 글씨를 보고 천하의 명필이라고 찬탄을 했다고 합니다.

이렇게 수만 명이나 되는 사람들이 5,000만 자가 넘는 글씨를 쓰는 것은 생각만 해도 장관입니다. 좌우간 이렇게 해서 원고를 다 쓰고 나면 그것을 경판에 거꾸로 붙여서 파기 시작합니다. 이 작업에도 엄청난 이야기가 있습니다. 여기에 동원된 각수(刻手)는 약 12만 명이었다고 합니다. 한 사람이 하루에 팔 수 있는 글자 수는 약 42자라고 하는데 5,200만 자를 다 파려면 도대체 얼마나 많은 세월이 걸렸을까요? 게다가 그냥 파는 게 아니라 글자를 팔 때마다 절을 했습니다. 저는 한 글자를 팔 때 한 번만 절을 한 것으로 알고 있었는데 2014년 해인사에 답사를 가서 대장경연구원 보존국장인 성안 스님에게 들어보니 한 글자를 팔 때마다 절을 세 번 했다더군요(그런데 성안 스님은 안타깝게도 우리가 방문한 다음 날 자동차 사고로 입적하셨습니다). 그러니까 절을 1억 5,000만 번 이상 한 것이 되니 이 숫자에 질리지 않습니까? 고려인들은 대장경 만드는 데에 이렇게 정성을 들였습니다.

대장경판을 파는 데 든 시간은 엄청났겠지만, 우리는 앞으로 가야 하니 그 시간은 건너뛰지요. 자, 그 기나긴 새김 작업이 다 끝났다고 합시다. 그다음 작업은 무엇일까요? 사람들은 새기기만 하면 다 끝난 것으로

대장경판을 들고 있는 대장경연구원 보존국장 고(故) 성안 스님(왼쪽)
지은이와 담소하는 성안 스님(오른쪽)

생각하기 쉬운데 아직도 멀었습니다. 이제 해야 하는 작업은 교정 작업입니다. 사람이 하는 일에 실수가 없을 수 없습니다. 교정을 보기 위해서는 일단 경판을 종이에 찍은 다음 그것을 가지고 꼼꼼하게 원본과 대조해봅니다. 그러다 틀린 글자가 나오면 깎아내고 새로운 글자를 만들어 거기다 붙입니다. 이렇게 글자 한 자 한 자를 다 교정 보았으니 시간이 얼마나 걸리겠습니까? 그래서 여기에도 1년여의 세월이 흘렀답니다.

그다음 작업은 좀 간단한 것입니다. 경판이 뒤틀리지 않도록 각목을 마구리에 붙이는 일입니다. 이것은 단순한 작업이니 그리 문제 될 게 없습니다. 그러나 그다음에 기다리고 있는 작업은 쉬운 순서가 아닙니다. 옻칠하는 순서이기 때문입니다. 옻을 나무에 바르면 그 나무는 방수도 되고 썩지 않습니다. 옻칠한 나무는 1,000년 동안 끄떡없다고 합니다. 옻은 한약재로도 쓰이는데 효능이 좋아 꽤 고가의 약재입니다. 옻이 대단히 비싼 것은 옻나무에서 채취할 수 있는 양이 매우 한정되어 있기 때문입니다. 10년생 옻나무에서 옻을 250그램밖에 채취할 수 없다고 합니다. 그런데 대장경의 양이 얼마나 많습니까? 지금 추정해보면 대장경에는 옻이 400킬로그램이나 쓰였다고 하니 엄청난 양이 쓰인 것을 알 수 있습니다. 옻 채취에만도 1,000명 이상의 인원이 투입되었다고 하더군요. 이렇게 옻칠까지 하고 나면 마지막으로 네 귀퉁이를 동판으로 장식해야 모든 작업이 끝나게 됩니다.

이러니 대장경 만드는 데에 16년이라는 긴 세월이 걸린 겁니다. 또 이렇게 만들었기 때문에 최고의 대장경이 나온 것일 겁니다. 마지막으로 말하고 싶은 것은 이렇게 만든 대장경에 틀린 글자가 몇 개나 되냐는 것입니다. 국사 시간 같은 데서는 우리 대장경은 완벽해서 오자나 탈자가

→ 나무 베기

→ 바닷물에 담그기

→ 소금물에 찌기

→ 그늘에 말리기

→ 한지에 불경 옮겨 적기

→ 불경이 적힌 한지를 경판에 뒤집어 붙이기

→ 새기기 : 한 글자를 파고 세 번 절하기

→ 교정

→ 네 귀퉁이에 각목 붙이기

→ 옻칠하기

→ 네 귀퉁이를 동판으로 장식하기

→ 경판 제작 종료

약 16년이 걸리는 대장경 제작 과정

하나도 없다고 말합니다. 그러나 이것은 사실이 아닙니다. 사람이 하는 일에 실수가 없을 수 없습니다.

대장경에도 틀린 글자가 있다고 하는데 그 수는 150여 개랍니다. 이 숫자만 보면 많은 것처럼 보일 수도 있지만 전체 글자 수가 5,200만 자라는 것을 감안하면 아주 적은 수입니다. 출판 관계자들에 따르면 이 정도 틀린 것은 틀린 것이 없다고 보아도 문제가 없을 정도라고 합니다. 완벽하다고 보아도 문제가 없다는 것이지요.

이렇게 상세하게 보니 이 대장경이 얼마나 대단한 유물인지 알 수 있지요? 만드는 데에 이렇게 정성을 쏟았으니 말입니다. 그런데 더 대단한 것은 이 세계적인 유물이 아직도 우리에게 있다는 것입니다. 사람들은 이 대단한 유물이 지금껏 우리 곁에 있는 사실에 대해 별 감흥을 느끼지 못하는 것 같습니다. 그러나 곰곰이 생각해보면 대장경을 만든 것보다 대장경이 멸실되지 않고 지금까지 남아 있는 것이 더 기적적인 일입니다. 이 사정은 이제부터 보면 압니다.

대장경 수난사

앞에서 대장경이 남아 있다는 것이 기적이라고 했습니다. 왜냐하면 그동안 대장경이 유실될 만한 수많은 고비가 있었기 때문입니다. 그것도 작은 고비가 아닙니다. 대장경이 통째로 사라질 뻔한 적이 수차례 있었습니다. 이제 그 가운데 가장 위험했던 것을 몇 개 골라서 보겠습니다.

첫 번째 위기는 조선 초에 찾아왔습니다. 일본에서 끈질기게 대장경을 달라고 요구했기 때문입니다. 앞에서 말한 것처럼 일본은 대장경을 만들 만한 능력이 없었습니다. 그래서 조선에 요구한 것이지요. 당시에는 대장경을 가지고 있어야 문명국 대접을 받았기 때문에 일본에서 그렇게 요구한 것입니다. 아울러 일본 막부에서는 조선으로부터 대장경을 양도받아 새로이 생기는 절에 하사하고 싶은 마음도 컸다고 합니다. 그럼으로써 자신들의 권위를 세우고 세를 과시하려고 했던 것이지요.

그들은 조선 초에만도 80여 차례 이상 사신들을 보내 대장경을 달라고 떼를 썼답니다. 그들의 요구는 대단히 집요해서 어떤 때는 왜구들이 붙잡아 간 조선인 포로와 맞바꾸자고 한 적도 있고, 어떤 때는 대장경을 안 주면 침공을 하겠다고 아주 격한 발언까지도 했답니다. 또 어떤 때는 사신이 와서, 대장경을 안 주면 밥을 안 먹겠다고 단식을 선언한 적도 있다고 합니다. 그러나 이 사신들이 하도 배가 고파 밤에 몰래 음식을 훔쳐 먹다 걸렸다는 웃지 못할 일도 있었습니다. 이 사신들은 일본을 떠나면서 "조선에서 대장경을 얻지 못하면 돌아오지 않겠다."라고 서약을 했답니다. 그러면서 "만일 대장경을 받지 못하고 돌아가면 말대로 실천하지 못했다고 죄를 받을 터이니 여기서 먹지 않고 죽을 수밖에 없다."

일본 사신의 단식 이야기가 실린 세종실록
규주(圭籌)와 범령(梵齡)이 경판(經板)을 구하였다가 얻지 못한다 하여, 음식을 끊고 말하기를, "우리들이 온 것은 오로지 대장경판(大藏經板)을 구하려는 것이다. 우리들이 처음 올 때에 어소(御所)에 아뢰기를, '만일 경판을 받들고 올 수 없을 때에는, 우리들은 돌아오지 않겠다.'고 하였다. 이제 얻지 못하고 돌아가면 반드시 말대로 실천하지 못한 죄를 받을 것이니, 차라리 먹지 않고 죽을 수밖에 없다." 하였다.(세종 6년 1월 2일 기사)

라고 한 것입니다. 이 이야기가 세종 6년(1424) 실록의 기사에 자세하게 나옵니다.

이러한 일본의 집요한 요구에 대해 조선 조정에서도 회의를 안 할 수 없었겠지요. 그런 회의 중의 일화 하나가 이렇게 전해옵니다. 세종 5년 조를 보면(1423) 세종은 어전회의를 하면서 '대장경은 무용지물이니 일본에게 주어버리자'라는 식의 발언을 합니다. 지금 우리가 생각하면 영민한 세종이 왜 이런 말을 했는지 이해가 되지 않을 수 있습니다. 세종의 의도를 추정해보면, '이제 나라의 통치 이념이 유교로 바뀌었으니 불교 것은 필요 없지 않은가' 하는 의미 아닌지 모르겠습니다. 세종은 나중에는 불교를 아주 좋아하는 군주로 바뀌는데 이때에는 불교를 그리 좋아하지 않았던 것 같습니다.

그러자 대신들이 반대하고 나섭니다. 그런데 그들의 논리가 재미있습니다. 대장경이 아무리 불교 것이라 하더라도 선조들의 귀중한 유산이니 지키자고 한 것이 아니라 '경판은 비록 아낄 물건은 아니지만 일본의 청을 일일이 들어주다가 뒤에 우리가 줄 수 없는 물건을 청하게 되면 우리가 당혹하게 된다'는 것이었습니다. 대신들의 입장에서도 이단인 불교의 대장경은 쓸모없는 것이었는데 전혀 다른 이유로 대장경을 주지 말자고 한 것입니다. 다행히 세종은 대신들의 뜻을 따라 대장경을 주지 않습니다. 물론 전혀 주지 않은 것은 아니고 조금씩은 주었다고 전해집니다.

이렇게 해서 첫 번째 위기는 지나가고 두 번째 위기가 옵니다. 이 위기는 말할 것도 없이 임진왜란입니다. 이 전쟁 통에 조선에는 남아나는 것이 하나도 없었습니다. 왜군들이 무조건 불태웠으니 말입니다. 이때 해인사의 대장경도 예외가 아니었습니다. 조선 초부터 자신들이 그렇게 원했던 대장경이니 이 얼마나 좋은 기회였겠습니까? 게다가 전쟁은 전승가도를 가고 있어 해인사에 있는 팔만대장경을 손에 넣는 것은 시간 문제처럼 보였습니다.

1592년 4월 13일에 부산에 상륙한 일본군은 벌써 그달 27일에는 해인사 근처인 성주까지 왔답니다. 물론 이들은 해인사로 진격했겠지요. 그런데 마침 곽재우를 비롯한 몇몇 의병장이 지휘하는 의병들과 소암대사가 이끄는 승병들이 해인사로 들어가는 고개를 지키고 죽기 살기로 일본군과 싸웠답니다.

이들은 정말로 죽음을 각오하고 싸운 모양입니다. 당시 세계 최강인 일본군을 막아냈으니 말입니다. 이때 뚫렸으면 해인사고 대장경이고 남아나는 게 없었을 터이니 생각만 해도 아찔합니다. 그런데 재미있습니다. 관군은 어디 가고 정식 군인이 아닌 의병과 승병이 싸운답니까? 이들은 안 싸워도 되고 싸우기에는 훈련이든 무기든 모든 것이 부족했을 터인데 도대체 어떻게 싸워서 정규군인 일본군을 이겼는지 가상하기 이를 데 없습니다.

이렇게 해서 두 번째 위기를 간신히 넘겼습니다. 그런데 또 한 번의 위기가 다시 찾아옵니다. 이 역시 일본과 관계됩니다. 일제강점기에 초대 조선 총독을 지냈던 데라우치라는 자가 1915년에 대장경 전체를 일본으로 가져가려고 했답니다. 그런데 양이 너무 많아 가져가는 데 실패하고 맙니다. 대장경 전체 무게를 계산해보면 대체로 280톤이라는 엄청난 무게가 나옵니다. 이것을 2.5톤짜리 트럭에 싣는다고 하면 100대가 넘는 엄청난 분량입니다. 이 정도면 지금도 동원하기 힘든 대수입니다. 지금도 트럭 100대는 대단한 물량 아닙니까? 게다가 당시는 길도 제대로 안 닦여 있었습니다. 그러니 길도 안 좋고 운송 수단도 변변치 못했던 당시로서는 이 계획을 실행하기가 쉽지 않았을 겁니다. 이렇게 해서 우리 대장경은 또 한 차례의 위기를 넘깁니다. 그러나 위기가 여기서 끝난 것이 아닙니다.

약 35년이 지나서 또 한 번의 큰 위기가 닥쳐옵니다. 이번에도 전쟁과 관계됩니다. 좌우간 전쟁은 문화재나 유물에 말할 수 없이 큰 독입니다. 장면은 6 · 25 전쟁이고 시기는 맥아더의 인천상륙작전 이후가 됩니다. 이 작전으로 퇴로가 차단된 북한군은 북한으로 가지 못하고 산에서 절을 거점으로 삼아 빨치산 활동을 하게 됩니다. 그래서 이때 이들을 격퇴하기 위해 절은 폭격 대상이 되었습니다.

여기에 해인사도 포함이 되어 있었습니다. 해인사에도 북한군 잔당들이 머물고 있어 해인사 역시 폭격 대상이 되었던 것입니다. 이때 폭격 명령을 받은 분은 또 한 명의 영웅 김영환 대령(나중에 준장이 됩니다.)입니다. 우리의 귀중한 유물인 해인사는 김 대령님이 폭격 명령을 거부한 덕에 살아남게 됩니다. 저는 이런 생각을 해봅니다. 만일 이때 해인사 폭격 명령이 김 대령님처럼 지성이 있고 양식 있는 분에게 떨어지지 않았다면 어떻게 됐을까 하는 생각 말입니다. 우리 주위에는 별생각 없이 사는 사람도 많지 않습니까? 그래서 만일 그런 공군 조종사에게 해인사 폭격 명령이 떨어졌으면 어떻게 됐을까요? 그런 사람들은 관습형 사고를 하는지라 명령이 떨어지면 아무 생각 하지 않고 이행해버립니다. 그런데 천우신조로 해인사 폭격 명령이 탈관습형 사고를 하는 김영환 대령에게 떨어집니다. 그래서 부처님이 보우하사 대장경과 장경판전이 살아남게 됩니다.

김영환 대령이 해인사 폭격 명령을 따르지 않고 해인사와 대장경을 구한 이야기는 꽤 유명한 이야기인데 전하는 사람마다 그 내용이 조금씩 다릅니다(심지어 MBC의 인기 프로그램인 〈서프라이즈〉에서도 한 번 다룬 적이 있습니다). 여기서는 공군에서 만든 뉴스레터에 나온 이야기를 중심으로 전하겠습니다. 공군에서 전하는 내용이니 이것이 가장 정확할 것이라는 생각 때문입니다.

미군으로부터 폭격 명령을 받은 김영환 대령은 편대를 이끌고 해인사로 출격합니다. 해인사로 가면서 편대원들에게 자신의 명령 없이는 절대로 폭격해서는 안 된다고 신신당부를 합니다. 해인사 상공까지 온 편대원들은 편대장인 대령에게 계속 폭격 여부를 종용합니다. 자신들도 미군의 명령을 받고 왔으니 그냥 돌아가기가 그랬겠지요. 그러나 끝끝내 대령은 편대원의 폭격을 막고 귀대합니다. 물론 전혀 쏘지 않은 것은 아니고 해인사 주변에다가 폭격이나 기총 사격을 하고 돌아옵니다. 이

고(故) 김영환 공군 대령 목숨 걸고 해인사 고려대장경과 그 보관 창고인 장경판전을 수호한 영웅이다.

때의 정황은 당시 이 편대에 있었던 장지량 중령(나중에 공군 참모총장도 지냄)이 전한 것입니다.

전시에 명령을 어겼으니 그날 당장 청문회 같은 것이 열렸습니다. 이 작전은 미군 공군이 주도한 것이라 미 공군의 고문단이 왔습니다. 이들은 당연히 대령에게 명령을 불응한 이유에 대해 물었겠지요? 이때 우리 김영환 대령은 이렇게 말했다고 합니다.

"해인사에는 우리의 소중한 문화재인 팔만대장경이 있다. 거기에 있는 공비들은 식량이 떨어지면 저절로 절을 떠날 터인데 그들을 죽이려고 절 전체를 폭격해 팔만대장경을 소실케 하는 일이 과연 합당한 일이겠는가? 그까짓 잔당 몇을 죽인다고 해서 전쟁의 판도가 바뀌는 것도 아닌데 그런 무리한 일을 해서 후손들에게 씻을 수 없는 죄를 저지르는 것이 옳은 일이겠는가? 당신들도 2차 세계대전 때 파리 공습을 막지 않았는가? 나도 그런 마음으로 해인사를 폭격하지 않았다."라고 말입니다.

대령은 이런 식으로 대답했는데 많은 기록에서는 이때 미군 장교가 대령 말에 감동해서 아무런 책임도 묻지 않았다고 쓰고 있습니다. 그런데 공군 기록은 좀 다르더군요. 공군 측에서 작성한 기록에 따르면 이때 미군의 연락장교와 멱살잡이를 할 정도로 마찰을 빚었다고 합니다. 어떤 기록이 더 정확한지 모르지만 이 공군 기록이 더 타당할 것으로 생각됩니다. 같은 공군 내부의 일이니 그 서술이 더 정확할 것이고 얼굴을 붉히고 싸웠다는 게 더 현실적으로 들리기 때문입니다.

　미군의 입장에서 볼 때 해인사라는 것은 일개 이교도의 사원에 불과했을 겁니다. 그래서 거기에 그런 세계적인 보물이 있다는 것에 그다지 관심이 없었을지도 모릅니다. 그런데 자신들이 생각하기에 그런 하찮은 것을 보호하려고 명령에 불복종한 한국군 장교가 아주 못마땅하지 않았을까요? 게다가 당시 미국 군인들은 한국 군인들을 한 수 아래로 보았을 터이니 자신들의 명령을 따르지 않은 한국 군인이 얼마나 우습게 보였겠습니까? 그러나 우리 김영환 대령은 그런 미국 장교의 태도에 굴하지 않고 멱살을 잡으면서까지 싸운 것 아닌지 모르겠습니다. 대령에 대해서는 또 다른 재미있는 이야기가 많지만 여기서는 다 생략해야겠습니다(예를 들어 한국 공군 조종사들이 '빨간 마후라'를 착용하는 것도 대령으로부터 비롯된 것이라 합니다). 단지 그분의 담대한 정신과 우리 문화를 아끼는 높은 정신을 기억하면서 이분에 대한 설명을 마쳐야 하겠습니다.

　그런데 김영환 대령과 관련해서 이해하기 힘든 일이 있어 이야기를 해야 하겠습니다. 해인사로 올라가다 보면 길 중간에 조그만 비가 하나 있습니다. 사진에서 보는 바와 같이 아무 안내판도 없고 크기도 작은 기념물이라 그게 무엇인지 아는 사람이 없습니다. 그래서 가까이 가서 들여다보면 '김영환 장군 팔만대장경 수호 공적비'라고 적혀 있습니다. 바로 김 대령이 대장경을 어떻게 지켜낸 것인지에 대해 소상히 적은 공적비입니다. 그런데 여기에는 아무 안내판이 없어 지나가는 사람은 그것이 무엇인지 모릅니다. 안내판이라고는 앞에 '해인사', '주차장', '화장실'이라고 쓴 것밖에 없습니다. 저는 이것을 볼 때마다 우리 후손들이

해인사 입구에 있는 '김영환 장군 팔만대장경 수호 공적비'
김영환 대령이 한국전쟁 때 어떻게 대장경판과 장경판전을 지켰는지 그 찬란한 공적을 적고 있으나 주변에 아무 안내판도 없어서 안타깝다.

정말 너무하는구나 하는 생각에 자탄을 하게 됩니다. 목숨을 걸고 우리 유산을 지켜낸 분을 이렇게 막 대해도 되는 것인지 이해가 안 되고 울분이 터집니다.

해인사는 대장경이 있고, 조금 있다가 소개할 장경판전이 있기 때문에 의미가 있는 사찰입니다. 이 두 가지가 없다면 해인사는 의미가 많이 퇴색할 것입니다. 아니 이 두 유물이 없는 해인사는 여느 사찰과 다름없는 평범한 사찰로 전락할 것입니다. 그런데 대령은 명령을 어기면서까지 이 유물들을 구했는데 그분을 기리는 일은 이렇게 초라합니다. 화장실 옆에 계딱지만 한 공적비 하나 세워놓은 게 전부입니다. 잘나가는 집안의 후손들은 이렇게 하지 않습니다. 조상들을 끔찍이 아끼고 기립니다. 그런데 우리는 적어도 김영환 대령과 관련해서는 무뢰한의 짓을 하고 있습니다.

그런데 더 재미있는 것은 해인사 일주문에 다 가서 발견됩니다. 일주문 조금 못 미쳐서 오른쪽으로 들어가면 거대한 부도(浮屠) 지역이 발견됩니다. 부도란 스님들이 열반한 뒤 화장하고 남은 사리들을 모셔놓은 것입니다. 그러니까 스님들의 무덤이라고 할 수 있지요. 이곳이 바로 해인사 스님들의 부도들을 모아놓은 곳입니다. 여기에는 그 유명한 성철 스님 부도도 있습니다.

그런데 이 부도들은 규모가 대단합니다. 그리고 산뜻하고 미끈합니다. 해인사 스님들이 선배 스님들을 이렇게 잘 모시는 것은 아름다운 일입니다. 그런데 우리 영웅인 김영환 대령을 기리는 비는 어떻습니까? 스님들 부도에 비해 너무나 초라합니다. 해인사와 스님들, 그리고 우리는 김영환 대령에게 빚진 게 너무 많습니다. 그런데 우리가 보이는 태도는 이처럼 무례하기 짝이 없습니다. 대령님의 찬란한 공적을 적은 비는 사람들이 잘 볼 수 있는 좋은 자리에 다시 세워야 할 줄로 압니다.

정말로 마지막 이야기는 해인사 스님들의 구전에 의한 것인데요, 해인사에 있던 인민군들이 철수할 때 이 대장경을 불태우지 않은 것에 대한 이야기입니다. 가만히 생각해보면 태우고 갈 법한데 그냥 철수했다니 그것도 신기합니다. 전해오는 이야기로는 북한군들 사이에서도 의견이 분분해서 할 수 없이 투표를 했답니다. 그런데 다행히도 태우지 말자는 쪽이 이겨서 그냥 퇴각했다고 합니다. 이 말이 사실이라면 정말로 다행한 일이 아닐 수 없습니다.

우리 대장경은 이렇게 기적적으로 보존되어온 것입니다. 그러니 얼마나 귀중한 것입니까? 이 일은 우리가 잘 알지 못하는 진정한 영웅들이 있었기에 가능했던 것입니다. 우리가 대장경과 장경판전을 생각할 때에 반드시 이분들을 생각해야 합니다. 그리고 다시 말하지만 이런 분들을 기리는 날을 어서 만들었으면 합니다.

해인사 이야기를 하다 보니 같은 운명이었던 화엄사가 생각납니다.

화엄사도 전소될 뻔 했는데 또 한 분의 영웅이 절을 구해냅니다. 이분은 차일혁 경무관이라는 분입니다. 경찰이었던 차일혁 선생은 남부군 토벌 때 많은 공적을 세우지요.

어떻든 당시에 절들이 남부군의 거점으로 이용되고 있어 많은 절이 태워질 운명에 처하게 됩니다. 화엄사도 그중에 하나였는데 화엄사 소각을 선생이 맡게 되었습니다. 그러나 선생은 그 지역 인사였고 견식이 높아 화엄사의 가치를 잘 알고 있었던 것 같습니다. 명령이 떨어졌으니 어길 수는 없는 일인지라 선생은 일단 화엄사로 갔습니다. 그러고는 기지를 발휘하여 화엄사의 중심 건물이라 할 수 있는 각황전의 문짝만 떼어다 불태웠다고 합니다. 문짝이 없으면 공비들이 그곳에 은신할 수 없다는 논리를 앞세워서 말입니다. 화엄사는 이렇게 해서 지켜진 것입니다. 특히 각황전은 조선조 최고의 건물 가운데 하나로 국보로 지정되어 있지 않습니까? 이것을 선생이 지켜낸 것입니다.

이때 선생은 명언을 남깁니다. "절을 태우는 데는 한나절이면 족하지만 절을 세우는 데는 1,000년 이상의 세월로도 부족하다."라고 말입니다. 그런데 정작 당신 자신은 이렇게 주변 절들을 지키느라 명령에 불복한 것이 많아 승진이 잘 안 되었다고 하더군요. 선생 역시 자신을 희생해서 나라의 문화를 지킨 겁니다. 그런데 다행인 것은 김영환 대령과는 달리 이분의 공덕비는 화엄사 경내에 세워져 있더군요. 그래서 화엄사에 오는 사람들이 모두 이분을 기릴 수 있게 되었습니다.

이렇게 해서 경판에 대해서는 다 보았는데 해인사에는 경판 말고 세계문화유산이 또 하나 있지요? 앞에서 본 것처럼 장경판전이 그것입니다. 대장경을 보면서 이 판전을 그냥 지나칠 수 없습니다. 그래서 간단하

대웅전 위쪽에 위치한 대장경판 보관 건물 두 동(국보 제52호, 1995년 세계문화유산 등재) 앞 동(오른쪽)
이 수다라장, 뒤 동(왼쪽)이 법보전. 간결하지만 아름답고 과학적으로 설계되었다.(문화재청 사진)

게나마 판전에 대해서 알아보고 대장경에 대한 설명을 마치고자 합니다.

또 하나의 세계유산, 해인사 장경판전

판전에 대한 설명을 더 자세하게 하려면 끝이 없기 때문에 유네스코에서
평가한 것을 중심으로 간략하게 보겠습니다. 이 판전은 조선 초인 15세기
에 건립되었는데 대장경 목판을 보관하려는 목적으로 지어진 세계 유일의
건물이라고 합니다. 사진에서 보시다시피 꽤 긴 두 동의 건물로 되어 있습
니다. 앞 동이 수다라장이고 뒤 동이 법보전인데 이 중에 수다라장이라는
이름이 낯설지요? '수다라'는 경전을 뜻하는 범어의 '수트라'에서 온 것입
니다. 그러니까 수다라장은 경전을 보관하고 있는 건물이라는 뜻이지요.

　이 건물이 15세기에 지어졌으니까 고려 시대 양식이라고 보아야겠지

장경판고(수다라장과 법보전)의 살창 앞면(왼쪽)과 뒷면(오른쪽)
원활한 공기 순환을 위해 창호의 크기를 달리했다.(문화재청 사진)

요. 고려 시대는 건축이 매우 발달했던 시대입니다. 그래서 그런지 이 건물도 창고치고는 아주 아름답고 훌륭합니다. 창고로 지었으니 그 기능만 다하면 된다고 생각해 아주 간결하게 지었습니다. 그래서 장식적인 의장이 없습니다. 그런데도 아름다우니 대단하다는 것입니다. 그렇지만 경판 보호를 위해 매우 과학적으로 지은 건물입니다.

어떤 면이 과학적이라는 것일까요? 예를 들어 건물을 배치하는 데에 신경을 써 햇빛이나 바람으로부터 올 수 있는 피해를 줄였습니다. 그런가 하면 통풍을 원활하게 하기 위해 건물의 전후 면 창호의 위치나 크기를 서로 다르게 만들었습니다. 아래위 창호의 크기가 다르지요? 이렇게 만들었기 때문에 공기가 판전 안에서 원활하게 움직일 수 있다고 합니다. 또 습기를 방지하고 적정 온도를 유지하기 위해서도 많은 노력을 기울였습니다.

특히 습기 방지는 나무판 보호에 매우 중요한 것입니다. 실내의 습도

장경판고의 내부
적정 온도와 습도 유지를 위해 바닥에 소금, 숯, 석회 등을 넣어 다졌고, 판가(板架) 역시 온도와
습도 유지가 잘 되도록 배열되어 있다.(문화재청 사진)

를 적절하게 유지하기 위해 판전 바닥에 많은 양의 소금이나 숯, 석회
등을 넣어 다졌다고 합니다. 이것은 장마철에 습도를 유지하기 위한 방
책이었을 겁니다. 그 외에도 이 건물을 경판 보존에 최적인 건물로 만들
기 위한 여러 장치가 되어 있는 것을 알 수 있습니다. 예를 들어 경판이
놓여 있는 판가(板架) 역시 온도나 습도가 균일하게 유지될 수 있게 배
열되어 있습니다. 이 때문에 이 건물이 유네스코 세계유산이 되었지 그
냥 평범한 건물이었으면 결코 이런 영광된 자리의 반열에 낄 수 없었을
겁니다.

이 건물이 얼마나 과학적으로 잘 만들어졌는가 하는 것은 다른 에피
소드를 통해서도 알 수 있습니다. 박정희 대통령 시절이었죠. 이 대장경
을 화재에서 보호하고자 해인사 경내에 제2의 장경판전을 만들었다고

해인사 전경
화재로 대웅전이 소실되었을 때에도 장경판전에는 불이 옮겨붙지 않아 장경판전과 대장경판이 오늘날
까지 전해질 수 있었다. 장경판전 바로 앞 건물이 대웅전이다.(문화재청 사진)

합니다. 시멘트로 새 건물을 짓고 에어컨디셔너로 온도나 습도를 유지
하게 했답니다. 그런데 몇 개월 되지 않아 나무에 곰팡이가 끼는 등 경
판의 상태가 나빠졌답니다. 그래서 모두 원래 위치로 돌려보냈답니다.
그럼 고려의 과학이 현대 한국의 과학을 능가했다는 이야기일까요? 글
쎄요, 잘 모르겠으나 지금은 할 수 있지 않을까요? 좌우간 당시 우리 조
상들의 솜씨는 정말 대단합니다.

　이제 정말로 대장경에 대한 설명을 마치려 하는데 잊은 게 하나 있네
요. 해인사 답사를 갔을 때 스님한테 직접 들은 이야기입니다. 지금 해
인사 대웅전을 보면 단층으로 되어 있는데 원래는 2층 건물이었답니다.
그런데 19세기 초인가 해인사에 큰불이 나 이 대웅전도 그때 전소되어
다시 지었는데 원래대로 2층이 아니라 1층으로 지었습니다.

그런데 기이한 일은 그 불이 장경판전에는 옮겨붙지 않았다는 것입니다. 여기 실은 사진을 보시면 알겠지만 대웅전과 판전은 그리 멀리 떨어져 있지 않습니다. 아니 아예 붙어 있다고 하는 게 맞을지 모릅니다. 판전이 대웅전 바로 뒤에 있으니 말입니다. 그런데 이 정도의 거리에서 대웅전에 불이 붙으면 당연히 판전에도 불이 옮겨붙는다고 합니다. 불이 붙은 기와가 날아가기 때문에 그렇다는 것이지요. 그런데 판전에는 불이 안 붙었답니다. 그 스님도 그 까닭을 모르겠다고 하더군요. 그래서 부처님 가피력(加被力)에 힘입어서 대장경이 보존됐다는 말이 나오는 겁니다. 독자 여러분들은 이 대장경이 지금까지 얼마나 기적적으로 보존되었는지를 아셔야 합니다.

이것으로 문기에 대한 강의는 마치려 합니다. 우리는 유네스코에 등재된 세계기록유산 가운데 다섯 개를 집중적으로 보았습니다. 이 다섯 유산이야말로 우리의 드높은 인문 정신을 대표하는 것이니 이것만 보아도 우리 조상들의 문기가 얼마나 성했는지 알 수 있었을 것입니다. 그런데 안타까운 점은, 이런 드높은 문기 정신이 오늘날은 대단히 허약하다는 것입니다. 물론 현재 이 정신이 서서히 고양되고는 있습니다만 과거의 수준을 회복하려면 더 많은 노력이 필요할 것입니다. 그렇게 하기 위해 가장 먼저 해야 할 일은 조상들의 드높은 문기의 정신을 명확하게 이해하는 것입니다. 제가 이런 책을 쓰는 것도 그것을 위한 작업의 일환이겠지요. 이것으로 문기에 대한 설명을 마치는데 우리에게는 문기만 있는 것이 아닙니다. 세계인들이 놀라는 엄청난 에너지가 있습니다. 이제 그것을 보려 합니다.

2부

한국인의 신기(神氣), 그 에너지의 폭발력

| 1 |

한국인의 강력한 힘,
신기(神氣)

지금까지 문기에 대해 보았는데 이 기운은 모두 과거에 한정되어 있습니다. 사실 현대 한국인들의 인문 정신은 과거에 비해 상당히 떨어져 있는 것이 사실입니다. 인문 분야에서 세계에 내놓을 만한 업적이 나오지 않는 것만 보아도 알 수 있습니다. 그러나 현대 한국인들에게는 다른 것이 있습니다. 펄펄 나는 기운이 그것입니다. '한국인' 하면 매우 에너지가 넘치는 민족으로 이름이 높습니다.

한국인들의 이 에너지가 한번 폭발하면 세계가 놀랍니다. 이 기운을 저는 '신기(神氣)'라 부릅니다. 이 기운이 한번 터지면 한국인 자신들도 놀라워하는 일을 해냅니다. 저는 이 기운을 설명할 때 2002년 월드컵을 예로 많이 듭니다. 이때 뜻하지 않게 한국인들의 신기가 크게 터졌기 때문입니다. 우리나라 축구 팀은 간신히 월드컵 본선에 진출은 했지만 그때까지 본선에서 한 경기도 이겨본 적이 없었습니다. 항상 예선 탈락하고 한국으로 돌아왔죠. 그런데 그러던 팀이 그때 갑자기 세계 4강이 되었습니다. 그래서 스스로 놀랐습니다. 홈그라운드의 이점을 극도로 살렸다 하더라도 참으로 뜻밖의 결과였습니다.

이런 일이 생길 수 있었던 것은 한국인들이 갖고 있는 어떤 강렬한 힘이 터졌기 때문일 것입니다. 그런가 하면 그때 '붉은 악마'라는 매우 독특하고 한국적인 응원단이 생겨났습니다. 이들이 하는 응원을 보고 세계가 놀랐습니다. 그들의 열정이나 끓어오르는 에너지에 세계인들이 아낌없는 찬사를 보냈습니다. 경기장 안에서 모두 빨간 셔츠를 입고 손바닥을 치면서 '대한민국'이라는 구호를 외치는 모습에서 엄청난 힘을 느낄 수 있었습니다.

한국인이 갖고 있는 이 기운은 이렇게 폭발하면 엄청나지만 곧 식어 버립니다. 우리 축구도 그렇습니다. 세계 4강까지 올라간 팀이 지금은 50~60위로 떨어졌습니다. 부침이 심합니다. 또 변덕도 심합니다. 이렇게 축구 실력은 부침이 심하지만 한국인이 세계 3강인 게 있습니다. 부동의 3강이라 여기서 떨어지는 법은 절대로 없습니다. 이게 무엇일까요?

저는 강의할 때 청중들에게 '우리 한국인들이 가장 잘하고 좋아하는 게 무엇이냐'고 묻습니다. 그러면 청중들은 뜨악해하며 서로의 얼굴을 쳐다봅니다. 그럴 때 곧 저는 다시 말합니다. '공연히 남들에게서 그것을 찾을 것 없고 자신이 무엇을 제일 잘하고 좋아하는지 스스로 물어보라'고 말입니다. 우리 한국인이 가장 좋아하는 게 무엇이냐고요? 짐작하셨겠습니다마는 '음주가무'가 그것입니다. 한국인들은 '먹고 마시고 노는 것', 이것 하나는 정말로 세계 최고입니다.

그것을 어디서 알 수 있을까요? 한국인들이 제일 잘하는 게 노는 것이라는 것을 어떻게 증명할 수 있을까요? 아주 간단합니다. 오늘날 한국인들이 만들어낸 것 가운데 현대에 와서 전 세계를 강타한 것이 있지요? 말할 것 없이 '한류'입니다. 한류의 실체가 무엇입니까? 노래와 춤, 그리고 드라마입니다. 이것은 모두 노는 데에서 출발한 것입니다. 문기처럼 인문학적인 힘이 발산한 게 아닙니다. 그저 신나게 노는 데에 귀재인 한국인들이 그 끼를 유감없이 발산한 것입니다. 그리고 그게 세계를 강타했습니다.

이 한류에 대해서는 뒤에서 다시 보게 됩니다마는 이것을 설명하기 위해 여기에서 가장 극적인 예를 하나 들어보지요. 우리가 그동안 수많은 한류의 '콘텐츠'를 만들어냈지만 가장 대단한 게 무엇이라고 생각하십니까? 네, 싸이입니다. 싸이는 전 세계 대중가요사에 전무후무한 기록을 세운 가수입니다. 이전 기록도 깼지만 앞으로도 싸이의 기록을 깰 가수는 나오지 않을 겁니다. 어떤 면에서 그렇냐고요? 그의 최고 히트 곡 '강남스타일'의 유튜브 조회 수입니다.

이 주제를 가지고 강의할 때마다 저는 청중들에게 이 조회 수를 물어보는데 제대로 아는 사람이 없더군요. 20대 학생들은 알 것 같았는데 그들도 모르더라고요. '강남스타일'의 유튜브 조회 수는 2016년 1월 현재 24억을 넘었습니다. 지금도 하루에 100만 건 이상 조회 수가 올라가고 있답니다. 이 기록은 하도 대단해서 깰 가수가 없습니다. '강남스타일'과 비슷한 시기에 나와 빌보드차트에서 1위를 계속함으로써 싸이의 노래를 어쩔 수 없이 2위에 머물게 한 저스틴 비버의 공전의 히트 곡 'Baby'도 현재 12억을 넘어섰습니다. 이 12억도 대단한 것이지만 싸이는 그 2배가 됩니다.

싸이의 '강남스타일' 유튜브 장면
전 세계 대중가요사에서 전무후무한 조회 수 기록으로, 2015년 12월 15일(왼쪽)과 2016년 1월 12일(오른쪽)의 캡처 장면이다.

싸이의 다른 노래도 선방하고 있습니다. '강남스타일' 다음으로 나온 '젠틀맨'이 8억을 넘었고 '행 오버' 역시 2억을 넘었습니다. 이 가수는 노래를 발표하기만 하면 그 조회 수가 억대입니다(2015년 12월에 발표한 'DADDY'의 반응도 심상치 않습니다. 2016년 1월 12일 현재 9,395만 8,350). 조회 수가 억대를 넘어선다는 것은 보통 일이 아닙니다. 보통 사람은 꿈도 못 꾸는 수치입니다. 그런데 한국인들은 이런 가수 하나가 나오는 것이 얼마나 힘든 일인 줄 모릅니다. 싸이가 우리에게 워낙 친숙하니까 그의 출현이 얼마나 대단한지 모르는 것입니다.

싸이 같은 가수, 즉 국제적인 엔터테이너가 나오려면 그것에 걸맞은 문화가 형성되어야 합니다. 여기서 말하는 문화란 말할 것도 없이 세계에서 둘째가라면 서러워할 한국인들의 음주가무 문화 전통입니다. 우리 한국인들이 노래를 얼마나 좋아하는 줄 아십니까? 대체로 잡은 통계를 통해 보면 매일 밤 약 200만 명이나 되는 사람들이 노래방에 가서 노래를 한답니다. 엄청납니다. 이렇게 전 국민이 노래하기를 좋아하니 그중에 가장 출중한 친구가 나와 세계에서 공전의 히트를 친 것입니다. 그러니까 싸이의 성공에는 한국인의 남다른 가무정신이 깔려 있는 것입니다.

이게 바로 한국인의 신기, 신명, 흥입니다. 우리가 50~60년 만에 이렇게 경제를 기적적으로 발전시킨 데에는 이 기운도 한몫했습니다. 그렇지 않고서야 이렇게 빨리 경제를 부흥시킬 수 없습니다. 가발이나 손톱깎이를 수출해서 근근이 먹고살던 나라가 반도체와 자동차, 전화기 같은 고부가가치 물건을 만들고 그것을 팔아 경제 대국이 된 데에는 이 기운이 분명 크게 작용했을 겁니다. 이것은 북한을 보면 알 수 있습니다. 같은 민족으로 구성되어 있는 북한은 같은 힘을 김일성 일족 우상숭배하는 데에 다 탕진했습니다. 그 결과 전 세계에서 가장 기괴한 나라를 만들어내고 경제는 파탄에 이르렀습니다. 같은 힘을 잘못 쓴 결과이지요.

이처럼 한국인들은 무슨 일을 할 때 적당히 하는 게 없는 것 같습니다. 갈 데까지 가야 직성이 풀리는 모양입니다. 음주가무를 할 때에도 그렇고, 정치 지도자를 숭앙할 때도 그렇고, 응원할 때에도 그러니 말입니다. 도대체 적당히 하는 게 없습니다. 요즘 말로 한번 '필' 받으면 그냥 돌진입니다. 그래서 쏠림 현상이 유독 강하게 나타납니다. 무슨 일을 할 때 차분하게 생각하고 시작하기보다는 그냥 내지르는 데에 훨씬 익숙합니다. 제 눈에는 이런 것이 모두 한국인들이 지닌 신기가 너무 강해 일어나는 일로 보입니다.

| 2 |

신기(神氣)의 근원

그러면 한국인들의 이 신기는 대체 어디서 솟아나오는 것일까요? 미리 말씀드리자면 그 근원은 정확히 알 수 없습니다. 이웃 나라인 중국과 일본을 보면 이런 기운은 보이지 않습니다. 지리적으로 붙어 있는데도 한국인과 중국인의 기운은 많이 다릅니다. 이것은 여러 가지 사안으로 알 수 있는데 종교를 보면 가장 잘 알 수 있습니다.

한·중·일의 종교를 비교해보십시오. 이 세 나라의 종교 가운데 가장 고유한 종교가 무엇입니까? 불교와 유교는 공유하고 있지만 이 세 나

	🇰🇷 한국	🇨🇳 중국	🇯🇵 일본
보편 종교	불교, 유교	불교, 유교	불교, 유교
고유 종교	무교	도교	신도

한·중·일 종교 비교 : 세 나라의 보편적인 종교와 고유한 종교

정순덕 만신 진적굿 중에서(국민대 근처 약수암, 2015년 11월 1일)

라는 자국만의 고유의 종교가 있습니다. 충분히 예상할 수 있듯 이 나라들이 신봉하는 특별한 종교는, 한국은 무교(무속)이고 중국은 도교이고 일본은 신도입니다. 이 세 민족의 특성은 그들이 믿는 이 종교에서 가장 많이 드러납니다. 이 세 종교 가운데 우리의 무교는 어떤 면에서 특이합니까? 그것은 무교에서 가장 중요한 요소인 굿을 보면 알 수 있습니다.

저는 종종 그런 이야기를 합니다. 굿을 보지 않은 사람은 한국 문화를 논하지 말라고 말입니다. 물론 이 굿이나 무교가 한국 문화 전체를 대표하지는 않습니다. 그러나 한국인의 기질 가운데 가장 근원적인 부분을 차지하고 있는 것을 보면 대부분의 경우 이 무교 혹은 굿과 관계되어 있는 것을 알 수 있습니다. 특히 민속 문화는 그 뿌리를 캐다 보면 모두 굿판으로 회귀합니다. 이것은 현대에 와도 마찬가지입니다. 예를 들어 볼까요? 그 예로 저는 〈난타〉를 많이 듭니다.

〈난타〉는 현대 한국인들이 만들어낸 퓨전 공연 가운데 거의 유일하게 전 세계적으로 지속적인 인기를 끌고 있는 작품입니다. 그런데 이게 어디서 왔습니까? 구성은 영국의 〈스톰프〉라는 공연에서 빌려 왔지만 장단은 사물놀이에서 가져왔습니다. 사물놀이는 어디서 온 것입니까? 농악 혹은 풍물이지요? 농악은 언제 합니까? 마을 굿을 할 때 하는 겁니다. 우리 문화의 마지막은 이렇게 굿으로 끝납니다. 조선조 때도 마찬가지입니다. 상층에 있었던 아주 얇은 층의 양반 문화를 제외하고 거의 대부분의 조선 사람들은 이 무교에 경도되어 살았습니다. 무교 문화에 흠뻑 빠져 살았던 것이지요. 이유는 간단합니다. 민속 문화의 중심에는 항상 무교(무당, 굿)가 있기 때문입니다.

굿의 핵심이 무엇입니까? 굿은 처음부터 끝까지 노래와 춤으로 되어 있습니다. 무당이 노래하고 춤추는 이유는 무엇일까요? 그것은 망아경에 들어가 신을 받기 위함입니다. 우리가 기분이 좋을 때 종종 '신난다'라고 하는데 이 '신이 난다'는 표현은 무당의 몸에 신이 들어올 때 하는 소리입니다. 신이 들어오면 어깨가 들먹거리고 온몸이 짜릿해집니다. 이럴 때 신명이 나고 흥이 절로 납니다. 신기가 충만해집니다. 이런 상태가 되면 엄청난 힘이 생겨 무엇을 해도 피곤하지 않고 자기 능력 이상으로 그 힘을 발휘할 수 있습니다.

한국인들이 세계를 놀라게 하는 기적을 행했던 데에는 이런 배경이 있는 겁니다. 한국인들이 모두 신이 내린 무당이 되어 엄청난 에너지를 방출한 겁니다. 그래서 서양의 다른 나라들이 300년에 걸쳐 했던 일을 한국인들은 50년 만에 해치운 겁니다. 그런데 이 힘에는 방향성이 없습니다. 앞에서 말한 것처럼 그저 엄청난 쏠림이 있을 뿐입니다. 그래서 방향이 잘 잡히면 한국에서처럼 일찍이 인류사에 없던 기적적인 일이 벌어지고, 그 방향이 이상한 데로 가면 북한처럼 인류사에 있을 수 없는 이상한 일이 벌어집니다.

저는 기회가 있을 때마다 이 무교는 우리 민족과 역사를 같이한 종교라고 했습니다. 단군부터 시작해서 지금까지 이 무교가 절멸되어본 적이 없습니다. 이 점에 대해서는 제가 다른 지면을 통해 누차 이야기했으니 또 설명을 길게 할 필요는 없을 듯합니다. 우리나라에는 예로부터 많은 종교들이 들어왔습니다만 한 번도 이 무교가 그 종교들 때문에 사라진 적이 없습니다. 한국인들의 심성 저변에는 항상 이 무교가 흐르고 있고 그 위로 불교나 유교가 들어와 융성했으며 최근에는 그리스도교가 들어와 큰 성공을 거두었습니다.

이렇게 한국인들이 믿는 종교는 바뀌어갔지만 그들의 무교적인 성향은 전혀 달라지지 않았습니다. 그런데 한국인들은 잘못된 교육을 받아 자신들의 종교인 무교를 미신이라고 무시해왔습니다. 그래서 외래 종교인 불교나 기독교에 대해서는 투자도 많이 하고 그 종교인이 되는 것을 자랑스럽게 생각하지만 무교에 대해서는 부끄럽게 생각한 나머지 가능한 한 감추어왔습니다. 이것은 흡사 제가 어렸을 때 학교에 어머니가 오면 부끄러워 도망가는 것과 비슷하다고 할 수 있겠습니다. 어머니는 나를 세상에 나오게 한 근원인데 그 사실을 부끄러워한다면 이건 말이 안 되는 것이지요.

그런데 우리가 우리의 근본 신앙인 무교를 부끄러워하고 무시한다고 해서 그게 없어질까요? 자신의 어머니나 할머니를 무시한다고 해서 그들이 없어집니까? 우리 한국인은 머리로는 무교를 무시하고 감추어왔지만 몸은 끊임없이 무교를 갈망해왔습니다. 만일 몸으로도 무교를 거부했다면 무교는 한국 땅에 살아남지 못했을 것입니다. 한국인들은 말로는 무속은 미신이라고 하다가도 자신이 잘 해결할 수 없는 큰일이 생기면 무당에게로 달려갔습니다. 또 지금도 거의 대부분의 사람들이 결혼할 때가 되면 궁합이라는 걸 봅니다. 머리로는 부질없다는 것을 알지만 자기도 모르게 무당집으로 향하게 됩니다. 그게 몸이 하는 일입니다. 몸속에 있는 DNA가 시키니 그렇게 하는 것입니다.

그러니 무당의 수가 줄지 않습니다. 지금 정확한 무당의 수는 모르지

스포츠신문에 실린 점 광고(왼쪽)와 버스 좌석 덮개에 있는 점 광고(오른쪽)

만 대체로 20~30만 명 정도로 잡는데 이것은 대단한 수치입니다. 여러 분들은 무당이 이렇게 많다는 것을 실감하기가 힘들 텐데 간접적으로나마 느낄 수 있는 것이 있습니다. 스포츠신문을 통해서 입니다. 이 신문을 보면 매일 적어도 2면 이상의 하단부에 점 광고가 나옵니다. 060으로 시작하는 전화번호가 나오고 수십 명의 점술사 사진이 나옵니다(물론 이들이 모두 무당인 것은 아닙니다). 과연 이 사람들이 광고비를 낼 수 있을까 생각하는 사람도 있을 텐데, 충분히 돈이 나온다고 합니다. 그래서 그런지 한국 땅에 사는 이 많은 무당들이 다 먹고삽니다. 잘 먹고사는지는 잘 모르지만 무당하다 굶어 죽었다는 이야기는 듣지 못했습니다.

한국인들은 이 광고가 얼마나 진귀한 현상인지 잘 모릅니다. 이런 광고는 아마도 한국에서만 볼 수 있는 것일 겁니다. 점치는 걸 얼마나 좋아하면 신문에다가 점 광고를 냅니까? 점치고 무당에게 가는 것이 일상화되어 있지 않으면 이런 광고는 나올 수 없습니다. 한국인들의 몸은 이 무당적인 환경에 익숙하기 때문에 이런 광고에서 전혀 이상한 것을 느끼지 못합니다.

점집이나 무당적인 모습이 얼마나 우리에게 익숙한지 그 예를 들어

볼까요? 강호동 씨가 진행했던 토크쇼 중에 〈무릎팍 도사〉라는 프로그램이 있었습니다. 강호동 씨는 연예계에 진출한 다음 자기만의 토크쇼를 갖기 원했습니다. 그래서 여러 차례 텔레비전 토크쇼를 시도해보았는데 그것들이 다 잘 안 되었습니다. 그러다 처음으로 성공한 것이 이 프로그램입니다. 성공한 이유 중의 하나는 아마도 이 프로그램의 무대가 한국인에게 매우 친숙한 분위기를 연출해서 그런 것 아닌가 하는 생각이 듭니다. 왜냐면 이 프로그램은 점집 혹은 무당집에서 진행되는 것으로 설정되어 있으니 말입니다. 시청자들 중에 이 '세팅'이 이상하다고 생각한 사람은 거의 없을 겁니다. 이런 무대는 한국인들에게 워낙 익숙해서 그럴 것입니다.

무교나 무당은 이렇게 우리에게 가까이 있는데 왜 우리는 무당의 존재를 잘 느끼지 못할까요? 그것은 우리 한국인들이 무교를 미신으로 생각하고 부끄러워하니까 무당들이 무당집을 교회나 절처럼 사람이 많이

이대 전철역(5번 출구 방향) 앞 한 구역에 있는 무당집과 교회(2012년 현재)

무당집들은 대부분 초라할 뿐만 아니라 음지에 위치하고 있어 눈에 잘 띄지 않는다.

다니는 곳에 만들지 못하고 골목 안에 게딱지만 하게 만들기 때문입니다. 여기 그림을 보십시오. 제 일본 제자가 일일이 다니면서 만든 지도입니다. 이대 전철역 앞 한 구역입니다. 이 작은 구역 안에 있는 점집 혹은 무당집이 21개나 됩니다. 이 작은 지역에 무당집이 이렇게 많이 있습니다. 그에 비해 교회는 6개입니다. 사실은 교회가 6개인 것도 많은 수입니다. 그런데 무당집은 그것과 비교도 안 되게 많습니다.

그런데 이렇게 많은 무당집을 왜 우리는 잘 모를까요? 사진에서 보시다시피 골목 안이라 잘 보이지도 않고 누추하기 짝이 없기 때문에 이런 곳이 있는지 잘 모릅니다. 우리는 우리 문화의 뿌리를 이런 식으로 외면하고 있습니다. 전혀 발전시키지 않고 있는 것입니다. 그 안에 있는 이른바 '콘텐츠'는 무궁무진한데 저렇게 아무 신경도 쓰지 않고 있습니다. 제가 몇 번이고 이야기했지만 무교 안에는 우리의 음악과 춤이 들어 있고 음식과 미술이 있고 복식과 종교가 있습니다. 문학과 연극도 있습니다. 지금 우리는 이것을 하나도 제대로 살려내지 못하고 있습니다. 요즘 콘텐츠 콘텐츠 하는데 진짜 콘텐츠가 될 수 있는 무교는 철저하게 외면하고 있습니다.

중국 도교의 본산, 호북성 무당산의 자소궁(왼쪽)
중국 호북성 무당산(武當山)에 세워진 화려하고 웅장한 건축물 중 자소궁(慈宵宮)

일본 이쓰쿠시마 신사(오른쪽)
만조 시 물이 차오르면 입구의 문 등 신사 일원이 물 위에 떠 있는 신비한 모습이 된다.

그러나 우리의 이웃 나라인 중국이나 일본은 다릅니다. 그들의 민족 신앙인 도교와 신도의 사원들을 보십시오. 중국의 도교 사원들은 크고 멋있습니다. 그래서 사람들이 많이 가서 자기의 소원을 빕니다. 그 가운데 중국 호북성에 있는 무당산은 무당파의 도교 사원으로 이름이 높습니다. 이 사원은 일찌감치 유네스코 등재 세계문화유산으로 지정되어 전 세계적으로도 유명합니다. 산 전체가 지극히 아름다운 도교 사원 건축으로 휩싸여 있습니다. 그런가 하면 여기서는 그 유명한 무당파 무술이 탄생했습니다. 중국인들은 이처럼 자신들의 신앙을 잘 지키고 있습니다.

일본인들도 마찬가지입니다. 일본의 국교인 신도는 불교나 기독교처럼 조직적인 교리 체계는 없습니다. 그냥 신으로 생각되는 어떤 존재를 모셔놓고 거기에 소원을 비는 겁니다. 아주 소박한 민속신앙이라고 할까요? 우리나라 서낭당과 그 기능이 비슷하다고 하겠습니다. 그런데 이

인왕산의 국사당 건물
우리나라 무교(샤머니즘)의 총본부 격에 해당
하는 건물인데 다섯 칸짜리 초라한 건물 한 동
이 전부이다.(위 오른쪽 사진은 위에서 내려다
본 모습)

국사당이 있던 자리의 표지석
국사당은 원래 남산 팔각정 자리에 있었으나
1925년에 일제가 인왕산으로 옮겼다. 팔각정
주변에 이 표지석이 있다.

들은 정말로 아름다운 신사 건축을 많이 지었습니다. 히로시마에 가면
물 위의 신사라는 이름으로 유명한 이쓰쿠시마[嚴島] 신사가 있습니다.
아름답기 그지없어 벌써 유네스코의 세계문화유산으로 등재되어 있습
니다. 일본에는 이런 게 하나둘이 아닙니다.

　이것들과 비교해보면 우리 한국인은 도대체 무교와 관계된 것을 가
지고 한 일이 거의 없습니다. 강릉 단오제처럼 무형유산으로 유네스코
에 등재된 것이 있지만 건물 같은 유형유산으로 멋있는 것을 남긴 게 하
나도 없습니다. 우리도 멋있는 서낭당 건물을 가질 수 있고 아름다운 굿
당 건물을 세울 수 있었습니다. 그런데 그런 게 하나도 없습니다. 우리
의 굿당 건물을 보십시오. 우리나라 샤머니즘의 총본부 격에 해당하는

인왕산의 국사당 건물은 사진에서 보시다시피 누추하기 짝이 없습니다. 아무도 이 건물을 귀중한 문화유산으로 생각하지 않습니다. 이 건물은 원래 남산 꼭대기 팔각정 자리에 있었는데 일제가 옮긴 것입니다. 우리의 유산은 이래저래 수난만 받습니다.

한국인들이 머리로는 무교를 미신으로 생각해 알게 모르게 박해하고 무시해도 몸은 무교를 필요로 한다고 말씀드렸지요. 몸은 의식이 아니라 무의식에 해당하는 것입니다. 무의식은 우리가 잘 모르고 있지만 의식에 많은 영향을 미칩니다. 우리 무교도 마찬가지입니다. 그냥은 잘 보이지 않지만 한국인들의 의식에 엄청난 영향을 미치고 있습니다. 그래서 저는 한국의 무교를 지하경제에 비유하기도 합니다. 사채나 골동품 투자 같은 지하경제는 한국 전체 GDP의 4분의 1 정도를 차지하는 대단한 규모입니다. 그런데도 이 거래는 세금을 내지 않기 때문에 우리의 피부에 잘 와 닿지 않습니다. 무교도 그런 식으로 한국 사회에 영향을 끼치지 않나 생각해봅니다. 보이지는 않지만 엄청난 영향을 행사하고 있는 것이지요.

| 3 |

한국 사회에 나타나는
무교적인 모습

그럼 이번에는 이 무교가 어떤 식으로 현대 한국 사회에 모습을 나타내는지 보기로 하겠습니다. 이것도 이미 다른 문헌에서 언급한 것이기 때문에 간단하게만 보기로 하겠습니다. 무당이 굿을 할 때 격렬한 춤과 노래로 망아경에 빠지는 것처럼 현대 한국인들은 사회에서 무엇을 하든 거의 광기에 가까운 모습을 보입니다. 자신도 무엇을 하는지 모르는 것처럼 아무 생각 없이 그 일에 엄청나게 몰두합니다.

제가 보기에 굿판과 제일 닮은 것은 아무래도 개신교 부흥회입니다. 이것은 같은 종교 판이라 그런 것 같습니다. 한국에서 그리스도교, 특히 개신교가 이렇게 성공하게 된 데에는 몇 가지 이유가 있는데 그중 하나는 한국 사람들의 무교적인 성정이 개신교와 통하는 바가 많다는 것일 겁니다. 특히 열렬한 예배가 그렇습니다. 천주교에서는 미사를 드릴 때 이미 각본(?)이 다 있기 때문에 개인의 기도가 별로 의미가 없습니다.

또 개인 기도 시간도 따로 없습니다.

그에 비해 개신교에서는, 특히 부흥회에서는 개인이 마음대로 기도할 수 있는 시간이 확실하게 주어집니다. 이때가 되면 한국인들의 무교적인 성향이 있는 그대로 드러납니다. 무교적 성향이란 간단하지요. 격렬한 노래와 몸짓을 통해 망아경에 빠지는 겁니다. 그래서 이때 예배 순서를 보면 이 상황을 잘 알 수 있습니다. 이 예배에서 하이라이트는 신자들이 두 손을 들고 몸을 앞뒤로 흔들면서 큰 소리로 하는 기도입니다. 이것을 통성 기도라 하지요.

처음에는 이런 몸짓을 천천히 하지만 나중에는 격렬하게 팔을 흔들면서 기도라기보다 아예 샤우팅 창법으로 목이 메게 외쳐댑니다. 그 정도까지 오면 그때부터는 기도가 아니라 길길이 날뛰는 수준이 됩니다. 그러다 마지막에 망아경에 빠지게 되면 드디어 방언이 터져 나옵니다. 그 상태에서 마음에 맺힌 것들을 마구 풀어냅니다. 부흥회는 여기까지 가야 그날 기도가 제대로 된 것입니다. 완전히 삼매에 빠져 소리를 지르면서 날뛰지 않으면 예배를 본 것 같지 않습니다. 이렇듯 한국인에게는 끝까지 가야 직성이 풀리는 그 어떤 기운이 있습니다.

같은 장면은 '붉은 악마'들의 응원에서도 발견된다고 말씀드렸는데, 이들이 한번 응원을 하겠다고 마음을 먹으면 전 세계가 놀랍니다. 하도 열렬해서 그 기운을 감당하기 어렵기 때문입니다. 2002년 월드컵 때에도 포르투갈의 어떤 선수는 '자신은 한국 선수들은 무섭지 않은데 한국 응원단은 무섭다'는 말을 남겼다는 후문이 있습니다. 그 넓은 경기장이나 거리에서 빨간 옷을 입고 '대한민국'이라는 구호에 맞추어 노래와 몸짓을 하면서 집단적인 망아경에 빠지는 이 모습이야말로 한국인의 무당

야구 경기장에서 응원하는 모습

적인 모습을 정확하게 보여준다고 하겠습니다.

요즘에 이 같은 모습을 보려면 야구장에 가면 됩니다. 축구와 비교해 볼 때 야구는 인기가 높습니다. 야구장에는 사람들이 몰리는데 왜 축구장에는 사람들이 가지 않느냐고 축구 관계자들은 걱정이 많습니다. 여기에는 분명히 이유가 있겠지요. 그 이유에 대해서 우리의 주제와 관련해 보면, 한국인들이 야구장에 많이 가는 건 야구를 축구보다 더 좋아해서 그런 것은 아닌 것 같습니다.

제 생각에 한국인들이 축구장보다 야구장을 많이 찾는 것은 야구장에서는 마음껏 놀 수 있기 때문 아닌가 합니다. 생각해보십시오. 축구는 상황이 금세 바뀌고 아주 빠르게 진행되기 때문에 경기에 집중해야 합니다. 잠깐이라도 보지 않고 있으면 축구의 하이라이트인 골 들어가는 것을 보지 못할 수도 있습니다. 그에 비해 야구는 어떻습니까? 타자와 투수가 지루하게 대결하는 소강상태가 많지요. 그래서 관객들이 끼어들어 갈 자리가 많습니다.

게다가 야구는 홈에서 먼 곳에 앉으면 타자나 투수의 동작이 잘 보이지 않습니다. 생각해보십시오. 외야 쪽에 있는 관중석 중간쯤에 앉아 있으면 그 작은 공을 투수와 포수가 주고받고 타자가 방망이를 휘두르는 것이 거의 보이지 않을 겁니다. 그렇게 잘 보이지 않으니까 관객들이 경기에 집중할 필요가 없습니다. 따라서 놀 시간이 많아집니다. 경기는 안타가 날 때만 집중하면 됩니다. 그러니까 관객들은 자기들끼리 놀게 됩니다. 경기가 진행되는 것은 가끔씩 '체크'하면 되고 그저 자기들끼리 놀면 되는 것입니다.

이렇게 보면 야구 경기는 경기를 보러 가는 것이 아니라 친구나 가족들과 실컷 놀러가는 것 아닌지 모르겠습니다. 게다가 치어리더들이 있어 분위기를 한껏 돋우어줍니다. 이렇게 경기 말고도 놀거리, 볼거리가 많으니 야구가 재미있을 수밖에 없습니다. 이 같은 시각에서 보면 한국에서 야구가 가장 인기 있는 스포츠가 된 것은 스포츠 외적인 데에서 찾아야 한다는 재미있는 결과가 나온 셈입니다.

한국인들이 무슨 일을 할 때 온 에너지를 다 써서 하는 것은 대중문화 현장에서도 발견되어 재미있습니다. 서양의 대중가요 가수들은 한국에 와서 공연하는 것을 아주 좋아한답니다. 저는 그게 그냥 한국인들 듣기 좋으라고 말한 것일 줄 알았는데 나중에 보니 그렇지 않았습니다. 그들은 정말로 한국에서 공연하는 것을 좋아했습니다.

그런데 그 이유가 또 우리 주제와 연관됩니다. 짐작하셨겠다 싶은데, 이른바 '떼창'이 그것입니다. '떼창'은 새로 만들어진 단어입니다. 가수가 공연할 때 관객들이 따라 부르는 것을 말하는데 우리 한국인들에게는 이

싸이의 무료 공연 현장(서울시청광장)
이날 10만여 명이라는 엄청난 규모의 관중이 싸이 노래에 열광하며 '떼창'을 불렀다. 이 공연은 유튜브 생중계로 전 세계 5억 명이 함께 시청했다.(2012년 10월 4일, 코리아넷 사진)

게 자연스러운 일인 모양입니다. 그에 비해 다른 나라 공연에서는 이런 장면을 볼 수 없다고 하지요. 다른 나라에서는 가수의 노래를 제대로 듣기 위해, 관객들이 그렇게 떼를 지어서 노래하지는 않는다는 겁니다.

그러나 한국에서는 그런 것 상관 안 합니다. 기분이 나면 무대에서 가수가 노래하는 것에 맞춰 힘차게 노래를 불러댑니다. 그러니 서양 가수들이 환장을 하는 것이지요. 실제로 공연을 할 때 수천수만의 관객들이 자기 노래를 같이 부르면 감동하지 않을 수 없을 것 같네요. 이 '떼창'의 표본이라고 할 수 있는 것은 싸이가 '강남스타일'로 전 세계적인 인기를 끈 다음 시청 앞에서 공연할 때에 나온 '떼창'이 그것입니다. 거의 10만 명에 가까운 관객들이 싸이와 같이 노래를 불렀던 것에 대해 당시 외신들은 "한국인은 외계인 같았다."라는 표현까지 썼습니다. 한국인들은 여기서도 굿판을 벌인 것입니다.

| 4 |

끝장을 보고야 마는
독특한 음주 문화

방금 전에 언급한 싸이는 시청 공연을 하면서 이런 말을 했습니다. 자신이 갖고 있는 에너지의 원천은 '술'이라고 말입니다. 한국인들은 신기가 넘쳐 그런지 정말로 술 마시기를 즐겨합니다. 물론 한국인들이 술을 많이 마시는 데에는 다른 이유도 있을 겁니다. 그 가운데는 과도한 업무로 생기는 스트레스를 풀기 위한 것도 포함이 되겠지요. 물론 반문이 있을 수 있습니다. 다른 나라 사람들도 술을 많이 마시지 않느냐고 말입니다. 특히 러시아 사람들도 많이 마시니까요. 그러나 한국인들은 차수를 달리하면서 마시기 때문에 더 많이 마신다고 할 수 있습니다. 술을 마실 때 반드시 2차나 3차까지 가야 직성이 풀리지 1차로 끝나는 경우는 별로 없습니다.

그러다 한번 발동이 걸리면 끝장을 봅니다. 술이 이기나 내가 이기나 한번 보자 하면서 '맞짱' 뜨자고 덤빕니다. 그래서 저는 한국인들의 이러한 음주 습관을 '마시고 죽자' 정신, 영어로는 'drink and die' spirit로 명명해보았습니다. 혹은 '내일은 없다' 정신, 영어로는 'no tomorrow' spirit라고도 해보았습니다. 한국인들은 이렇게 죽자고 마셔댑니다.

한국인들이 이렇게 엄청나게 마셔대는 것을 객관적으로 가늠해볼 수 있는 자료가 있습니다. 영국의 어떤 전문지의 보도에 따르면 2012년에 전 세계의 증류주 가운데 가장 많이 팔린 술이 놀랍게도 우리나라의 '참이슬' 소주였습니다. 9리터짜리 상자로 해서 약 6,000만 상자가 팔렸습니다. 병 수로 따지면 200억 병이라니 정말로 놀라운 기록입니다. 그런

2012 증류수 세계 판매 순위(판매량 : 9리터 상자 기준)	
1. 진로 참이슬	6138만 상자
2. 스미노프(보드카, 미국)	2470만 상자
3. 롯데 처음처럼	2390만 상자
4. 엠페라도르(브랜디)	2010만 상자
5. 바카디(럼)	1956만 상자
8. 조니워커(스카치 위스키, 영국)	1800만 상자
16. 앱솔루트(보드카, 스웨덴)	1121만 상자
19. 잭다니엘(위스키, 미국)	1058만 상자

영국 주류 전문지 『드링크스 인터내셔널』 집계
세계 180개 브랜드 중 대부분 한국에서만 소비되는 소주가 1위와 3위를 차지했다.
놀랍게도 '참이슬'은 2001년부터 12년째 1위를, '처음처럼'은 2007년부터 줄곧 3위를 기록했다.

데 더 재미있는 것은 우리나라의 소주 가운데 또 다른 소주가 3위를 차지했다는 사실입니다. 2위는 미국에서 나오는 '스미노프'라는 보드카가 차지했습니다. 그러면 3위를 차지한 소주가 어떤 것인지 짐작하셨겠지요. '처음처럼'입니다.

그런데 최근에 다시 조사해보니 '처음처럼'이 4위가 됐더군요. 그런데 그게 대세에는 영향을 주지 못합니다. 1위와 2위의 격차는 굉장히 큰데에 비해 2, 3, 4위는 2,000만 상자대로 그쳐 차이가 별로 없기 때문입니다. 그러니까 1위와 2위의 격차는 4,000만 상자 정도로 상당히 큰데 그 뒤부터는 별 차이가 없다는 것입니다(물론 도수로 따지면 조금 달라질 수 있습니다만). 그래서 저는 우스갯소리로 소주 마실 기회가 있으면 '처음처럼'을 마신다고 합니다. 그렇게 해서 우리 술의 판매량 순위를 1, 2위로 만들려는 것입니다. 비록 술 소비량이지만 이 분야에서도 우리 술이 높은 순위를 차지하면 좋지 않겠느냐는 어줍지 않은 생각에서 그렇게 하고 있습니다. 참고로 '참이슬'은 2001년부터 12년째 1위를 차지하고 있다고 하는데 스카치 위스키 같은 유명한 술들을 제치고 우리 술이 세계 증류주 판매 1위를 10년 이상 지키고 있다는 사실, 2위와의 격차가 2배 이상이기 때문에 웬만해서는 그 위세를 따라잡을 수 없다는 사실, 그리고 95퍼센트가량이 국내에서 소비되는 전형적인 '로컬' 술이라는 사실로 볼 때 우리의 위력적인 술 소비가 새삼 놀라울 따름입니다.

한국인들은 이처럼 소주를 무지막지하게 마셔댔습니다. 그런데 이런 소주 말고 지역에서 나오는 소주까지 합하면 한국인들이 마시는 소주 양은 훨씬 더 늘어날 겁니다. 게다가 요즘 제품인 '순하리' 같은 소주까지 합하면 한국인들의 소주 소비량은 가늠하기 어려울 겁니다. 그래서 한국 영화나 드라마를 많이 보는 외국인들은 이런 질문을 한다고 해요. 거기에 나오는 'green bottle(녹색 병)'이 도대체 무엇이냐고요. 말할 것도 없이 소주병이지요. 한국인들은 물처럼 소주를 마셔대니 그런 장면이 자주 나오고, 또 그래서 그런 질문을 받게 되는 것일 겁니다.

술과 관련된 흥미로운 조사 자료를 한 가지 더 소개해보죠. 세계보건기구(WHO)가 지난 2014년에 공개한 세계 알코올 소비량 지도를 보면 남한이 진하게 칠해져 있는 것을 알 수 있습니다. 색이 진할수록 술을 많이 마시는 지역인데 우리나라는 두번째로 많이 마시는 그룹에 속합니다. 우리의 술 소비량은 세계보건기구 가입 194개국 중 15위라고 하는데 상위 10개국은 독주를 마시는 유럽 국가라는 점을 감안한다면 우리의 술 소비력은 엄청나다고 하겠습니다.

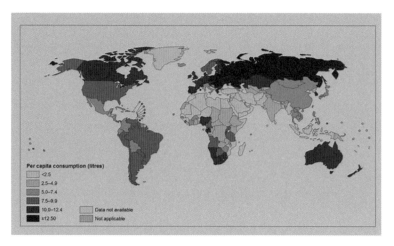

세계 각국의 음주량(2008~2010년 섭취 기준)
세계보건기구 『술과 건강에 대한 세계 현황 보고서 2014』의 자료로, 한국은 두 번째로 많이 마시는 그룹이다(10~12.4리터 소비). 세계보건기구에 가입한 194개국 중 15위이다(평균 12.3리터 소비. 상위 10개국은 유럽 국가).

그다음에 볼 한국인들의 경이로운 술 문화는 폭탄주 문화입니다. 이 폭탄주, 그 가운데에서도 맥주에 양주 섞어 먹는 폭탄주는 아시다시피 보일러 메이커(Boiler Maker)라는 술로 미국에서 만들어진 것입니다. 한국인들이 이런 종류의 술을 수입하기 전에도 술을 다른 액체(술이나 음료)와 섞어 마시지 않은 것은 아닌데 이 미국식 폭탄주가 들어오면서 한국의 폭탄주 문화는 꽃을 피웁니다. 제 눈에는 흡사 한국인들은 이 미국식 폭탄주 문화가 들어오기만을 기다렸던 사람들 같습니다. 다른 어떤 나라에서도 볼 수 없는 폭탄주 문화가 만개했기 때문입니다.

원래 폭탄주는 양주와 맥주를 따로 마시는 것이지요. 그렇게 마셔야 각 술의 향을 느낄 수 있는 것 아니겠습니까? 그런데 섞고 말고 하는 데는 귀재인 한국 사람들이 이것을 분리해서 마실 리가 없습니다. 또 세상

월드컵주, 비아그라주, 소방주, 껄떡주, 폭포주, 청산리벽계수주, 타이타닉주, 물레방아주, 충성주, 드라큘라주, 무지개주, T자주, 삼색주, 정충하초주, 티코주, 샤워주, 도미노주, 수류탄주, 금테주, 빨대주, 칙칙폭폭주, 테러주, 파도주, 줄기세포주, 성화봉송주, 설중매주, 이스탄불주, 회오리주, 물레방아주, 난지도주, 황제주, 용가리주, 뽕가리주, 삼풍주, 골프주, 병아리주, 동동폭탄주, 빨대주, 태권도주, 가라데주, 다이아몬드주, 쌍끌이주, 슬라이딩주, 부황주, 한방주, 이온주, 우주식량주, 방사능주, 코카인주, 타워팰리스주 등

수십 종의 폭탄주

에 빠른 것을 가장 좋아하는 한국인들이 이 술을 한 잔 한 잔 나누어서 마실 리가 없습니다. 그런데 폭탄주는 섞어 마시는 게 아니라 말아 마신다고도 하지요? 섞어 마시는 술에는 칵테일도 있지만 서양에서는 우리처럼 술을 말아서 마신다는 표현을 쓰지는 않습니다. 한국인들은 밥을 국이나 물에 말아 먹는 아주 독특한 민족이라 술도 말아서 마신다고 하는 것 같습니다.

한국인들이 폭탄주 마시는 모습을 보면 한국인들은 술 마실 때에도 어떻게 하면 술에 빨리 취하면서도 그 상태를 오래가게 하고 그동안 어떤 방식으로 재미있게 놀까에 대해 연구에 연구를 거듭한 사람들 같습니다. 여기에 있는 폭탄주 일람표를 보십시오. 전부 한국인들이 고안해 낸 것들입니다. 수십 종류나 됩니다. 하도 종류가 많아 처음 들어보는 것이 대부분입니다. 여기서 대표적인 것을 뽑아 시연하는 동영상도 있습니다. 제가 오프라인에서 강의할 때에는 그것을 다 보여주는데 서면이라 보여드리지 못해 안타깝습니다.

여기 나오는 폭탄주를 다는 설명 못 드리고 그중에 재미있는 것 하나만 골라 이야기해보지요. 다음 사진에 나온 폭탄주 이름이 무엇인지 아십니까? 바로 '성화봉송주'라는 것입니다. 생긴 게 성화 닮았죠? 맥주병을 거꾸로 한 다음 그 위에 맥주잔을 놓고 술을 채워서 마시는 겁니다. 그런데 맥주잔 안에는 계란 노른자나 양주를 담은 작은 잔이 있습니다. 그래서 그것들까지 마셔야 임무가 끝나는 것이라고 합니다. 만일 잔이 떨어지거나 다 못 마시

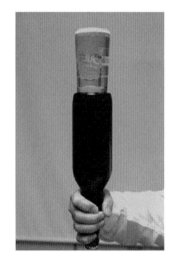

성화봉송주

면 무효가 되어 처음부터 다시 시작해야 한다고 합니다. 이것도 인터넷을 찾아보면 동영상이 있는데 언제 보아도 기이하기 짝이 없습니다.

이러한 우리의 술 문화는 싸이의 뮤직비디오인 '행 오버'로 전 세계로 알려졌습니다. 그 뮤직비디오에는 한국인들의 음주 문화가 코믹하게 소개되어 있습니다. 도미노주 같은 매우 특수한 형태의 폭탄주를 싸이가 시연하는가 하면 술 마시다 싸우고 노래방에 가는 모습이 나오는 등 재미있는 장면이 많습니다. 그리고 참고 삼아 말씀드리는데 싸이도 각종 폭탄주 마시는 모습을 동영상으로 만들었는데 이것들은 유튜브에 가면 쉽게 찾을 수 있으니 참고하시기 바랍니다.

| 5 |

세계 최고의
가무(歌舞) 사랑 정신

자, 이렇게 술 마시고 나면 그다음은 노래방입니다. 한국인처럼 노래하기 좋아하는 민족은 지구상에 더 없을 겁니다. 물론 인간이 음악을 사랑하는 것은 보편적인 현상이라고 할 수 있지만 한국 사람처럼 아무 데서나 또 언제든지 노래할 수 있고 또 그렇게 하는 것을 좋아하는 경우는 아마 없을 것입니다. '노래를 안 하면 시집을 못 가요, 아! 미운 사람!'(원곡은 윤형주의 '미운 사람')이라고 노래 가사를 바꿔 부르며 노래를 시키기도 합니다.

한국인들의 노래 사랑은 노래방과 떼려야 뗄 수 없는 관계에 있습니다. 한국인은 마치 노래방 기계가 발명되기만 기다렸던 사람들 같습니다. 제가 이 이야기를 할 때마다 청중들은 박장대소합니다. 딱 맞는 표현이기 때문이겠지요. 1990년대 초반 이 노래방 기계가 일본에서 수입되자 곧 전국에 퍼져 지금은 마치 노래방 왕국처럼 노래방이 많아졌습니다. 어떤 외국인이 찍은 사진을 보니 한 코너에 노래방 간판이 15개가 보이더군요. 하도 신기해서 찍었을 겁니다. 노래방의 원조 국가인 일본에도 노래방이 그렇게 많지는 않습니다. 오사카나 도쿄 거리를 걸어보면 작정을 하고 찾아야 노래방을 찾을 수 있습니다. 그러나 한국은 유흥가에 가면 한 집 건너 노래방이 있습니다.

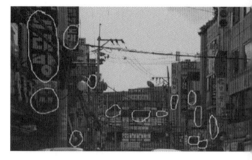

한 구역에 노래방 간판이 15개나 있는 것을 본 외국인이 신기해하며 찍어 올린 사진
(출처 : http://poweredbysoju.blogspot.kr)

이 노래방에서 매일 밤 200만 명에 가까운 한국인들이 노래를 한다고 말씀드렸지요?. 그 굴 같은 어두운 방에서 이렇게 많은 사람들이 매일 감정을 한껏 발산하고 있습니다. 한국인들의 노래 혹은 놀이 사랑 정신은 그들이 즐겨 보는 텔레비전 프로그램으로도 확인할 수 있습니다. 그 예로 지상파의 일요일 아침 프로그램들을 한번 상기해볼까요? 한국인들은 지금은 폐지됐지만 꽤 높은 시청률(10퍼센트대)을 자랑했던 SBS의 〈도전 1000곡〉부터 일요일 아침을 시작합니다. 일요일 아침에 지상파 방송에서 노래하는 프로그램을 방영하는 나라는 아마도 한국밖에 없을 겁니다. 이것은 한국인들이 끼로 뭉쳐 있다는 것을 말해줍니다. 시간과 장소를 가리지 않고 노래할 수 있는 한국인이기에 일요일 아침에도 노래를 하는 것입니다.

그다음에 낮 1시대로 가면 전 국민의 신명판인 〈전국노래자랑〉이 기다립니다. 지금부터는 우리나라 공영방송인 KBS에서 방송되는 것들입니다. 이렇게 한 나라의 중심 채널에서 노래 프로그램이 많은 나라는 아마 없을 겁니다. 전 세계 방송을 다 검색한 것은 아니라 추정할 수밖에는 없습니다만 아마도 이런 나라는 더 이상 없을 겁니다. 게다가 저녁 6시에는 〈열린음악회〉라는 이상한(?) 프로그램을 하는데 공영방송에서 일요일 황금시간대에 노래 프로그램을 방영해주는 나라가 또 있을까요?

우리 한국인들은 이게 얼마나 신기한 현상인지 잘 모릅니다. 나날의 일상이 이러하니 당연하게 여기게 됩니다. 이 프로그램이 이상하다는 건 이런 프로그램이 다른 상업방송에 있었다면 벌써 없어졌을 것이기 때문입니다. 이 프로그램의 취지가 무엇입니까? 온 가족이 앉아 사이좋게 같이 보라는 것 아닙니까? 그래서 모든 장르의 음악을 연주해줍니다. 그런데 이 프로그램을 정말로 가족들이 같이 볼 수 있을까요? 아마도 힘들 겁니다. 왜냐면 트로트 가요를 부르는 가수가 나오면 아이들이 채널을 돌리자고 하거나 자리를 뜰 거고 힙합을 하는 가수가 나오면 어른들이 그럴 것이기 때문입니다. 따라서 이 프로그램은 가족 간의 화합을 도모하는 것이 아니라 분열을 일으킬 것 같은데 그런데도 이 프로그램이 계속 되고 있으니 참으로 기이하다 하겠습니다.

좌우간 여기서 중요한 건 이런 모든 장르의 음악을 내보내는 프로그램이 광고도 나오지 않는 공영방송에서 일요일 황금시간대를 차지하고 있다는 것입니다. 이것은 한국인들이 얼마나 음악을 좋아하는지 단적으로 보여준다고 하겠습니다. 같은 시간대에 다른 지상파 방송의 프로그램을 보면 완전히 오락 프로그램 일색입니다. 여기서 그 프로그램들의 이름을 일일이 거론하지 않아도 잘 아실 겁니다.

KBS의 음악 사랑은 여기서 끝나지 않습니다. 밤 11시 넘어서는 또 〈7080콘서트〉라는 프로그램을 방영하니까요. 이 프로그램도 기이하기는 마찬가지입니다. 늦은 일요일 밤 시간에 방영하는 노래 프로그램이기 때문에 그렇습니다. 일요일 밤은 이틀에 걸친 휴일을 끝내고 자야 할 시간입니다. 새로운 한 주일을 맞이하는 준비를 하면서 일할 채비를 해야 합니다. 그런데 또 노래를 하다니 이게 어찌 된 일입니까? 그것도 중심 방송에서 말입니다. 이런 프로그램은 유선 방송에서나 하는 것이지 지상파에서 하는 것이 아닙니다.

노래 프로그램은 아직 더 남아 있습니다. 그다음 날, 즉 월요일이 되면 노인들을 위한 프로그램인 〈가요무대〉가 또 있습니다. 이 프로그램도 시청률 10퍼센트가 넘는 아주 인기 있는 프로그램입니다. 그리고 장수 프로그램입니다. 이것도 KBS에서 방송되니 한국인들은 나이 가리지 않고 노래를 지극히 사랑한다는 것을 알 수 있습니다. 그런데 우리 한국인들은 평소에 이렇게 노래하면서 놀다가 명절이 되면 이번에는 동남아에서 온 노동자들을 불러 또 노래를 시킵니다. 외국인 노래 자랑 프로그램입니다. 한국인끼리만 하면 재미없다고 생각한 모양입니다. 이 대목에서도 청중들은 크게 공감하며 우리 자신의 모습에 웃음을 참지 못하는데 저는 이 여세를 몰아 다음 이야기를 들려줍니다.

그냥 농담조로 다른 이야기를 해보면, 지금은 달라졌지만 제가 초등학교를 다니던 1960년대의 국어 교과서를 보면 아주 재미있는 현상을 발견할 수 있습니다. 맨 첫 장을 이렇게 시작합니다. '철수야 놀자. 영희야 놀자. 바둑아 너도 나와 놀자'라고 말입니다. 그런데 얼마나 재미있습니까? 공부를 시작하는 첫날 제일 먼저 배우는 것이 노는 것에 관한 것이니 말입니다.

이렇게 노래와 춤을 좋아하는 한국인들은 또한 다른 나라에서는 볼 수 없는 진기한 장면을 연출합니다. '관광버스 춤'과 '라디오 노래방'이 그것입니다. 신명이 넘쳐흘러 그 좁은 버스 복도에서 춤을 추는 사람들이 또 한국인입니다. 사실 버스 안에서 춤을 출 때 그 전체적인 상황을 보면 모든 것이 위법인 것을 알 수 있습니다. 이렇게 버스 안에서 춤을 추다 걸리면 운전자뿐만 아니라 춤추는 사람도 딱지를 떼이게 됩니다. 이전에 그렇게 춤을 추다 버스가 굴러 많은 사람이 죽은 뒤로 버스 안의 무도 행위를 법으로 금지했습니다. 이런 법이 필요할까 싶지만 사람이 죽으니 어쩔 수 없었을 겁니다. 그러나 그런 법이 있다고 조심할 한국인들이 아니니 역시 이 법은 그다지 효력을 발휘하지 못할 것입니다.

춤도 춤이지만 버스 안에 노래방 기계를 설치하는 것 자체가 법으로 금지되어 있다는 것을 아셔야 합니다. 이것 역시 버스 안 가무를 사전에 막기 위한 조치이겠지요. 그런데 저는 답사를 자주 가기 때문에 전세 버스를 자주 타는 편인데 이 기계가 달려 있지 않은 버스를 본 적이 없습니다. 버스 기사들은 단속을 피하기 위해 보이지 않는 곳에 이 기계를 넣어놓아 밖에서 볼 때는 기계가 있는지 없는지 잘 알 수가 없습니다.

한번은 전세 버스를 타고 답사를 가는데 그 버스 기사가 그러더군요. "교수님, 지난번에 국회의원들을 태웠더니 그 사람들도 노래를 하자고 하더군요."라고 말입니다. 이게 얼마나 웃기는 이야기입니까? 국회의원들은 입법을 하는 사람들인데 이들이 위법을 하겠다고 했다하니 말입니다. 그러나 국회의원도 한국 사람인지라 그 흥을 어찌하지 못했을 터이니 어쩔 수 없는 일이었을 겁니다.

그런데 한국의 관광버스 복도에는 일반 버스와는 달리 철판이 하나더 깔려 있다고 하더군요(모든 관광버스가 다 이렇게 되어 있는지는 잘 모르겠습니다). 실제로 버스 중앙 부분이 내려앉았다는 이야기를 들은 적이 있는데, 승객들이 하도 뛰어대니까 혹시 무너질까 봐 철판을 더 대어놓았다는 겁니다. 그 말을 듣고 과연 그렇게까지 할 필요가 있을까 하고 생각해봤는데 한국인들이 노는 행태를 보면 수긍이 갑니다. 한국인들이 관광버스를 타고 여행을 떠나면 갈 때부터 시작해 다시 출발지로 돌아올 때까지 계속해서 버스 안에서 뛸 터이니 바닥이 주저앉을 수밖에 없겠지요. 이 터지도록 넘치는 신명을 따라올 민족이 또 있을까요?

버스만 노래방 기계가 있는 것이 아닙니다. 열차에도 있습니다. 열차 카페 칸을 보면 작은 노래방이 몇 개 붙어 있는 것을 발견할 수 있습니다. 그런데 이것 역시 불법이라고 합니다. 코레일 관계자에게 왜 불법인 일을 하느냐고 물어보니까 자신들도 불법인 것을 잘 알지만 승객들이 하도 성화를 해 노래방을 운영하지 않을 수 없다고 하더군요. 이 역시 노래하는 것을 세계에서 제일 좋아하는 민족이 아니면 할 수 없는 일로 생각됩니다. 그래서 그런지 외국으로 나가 봐도 한국인들이 많은 곳에는 노래방 없는 곳이 없습니다.

라디오 노래방 역시 한국인들의 노래 사랑 정신을 적나라하게 보여줍니다. 이 현상은 한국인들에게는 익숙한 터라 그다지 신기하게 보이지 않지만 한국을 방문한 외국인이 처음에 이 장면을 대하면 굉장히 놀랄 것입니다. 아니 얼마나 노래를 좋아하면 방송국에서 노래 반주를 틀어주면 전화기에 대고 노래를 할까요? 그리고 그냥 노래하는 것만이 아니라 여러 사람으로 하여금 노래를 시켜 그것을 가지고 순위를 결정해 상품까지 주니 참으로 진기한 현상이라 아니할 수 없습니다.

우리도 한 번 더 생각해보면 이 장면이 얼마나 웃기는지 알게 됩니

노래방이 설치된 코레일 열차 카페

다. 당사자가 전화기로 노래 반주를 들으면서 거기다 대고 온갖 감정을
다 잡고 노래하는 모습을 상상해보십시오. 만일 소리 없이 그 장면만 본
다면 코믹하기 이를 데 없을 겁니다. 그래서 그런지 강의할 때 이렇게
상황을 표현하면 청중들도 다 웃습니다. 자신들이 매일 경험하는 일이
지만 객관적으로 생각해보면 자기들도 우스운 것입니다.

이렇게 한국인들이 노래와 춤에 대해 강한 열정을 갖고 있다고 하면
한국인만 그런 열정이 있는 것은 아니지 않냐고 반문하는 사람들이 있
습니다. 그 예로 에너지가 넘치는 플라멩코나 탱고 같은 남미의 춤을 예
로 듭니다. 사람들이 이런 춤을 출 때 얼마나 열정적인 모습을 보이냐고
말입니다. 실제로 남미의 여성이 민속의상을 입고 플라멩코 춤을 추는
모습을 보면 열정을 넘어 격정적인 모습까지 보입니다.

그런데 이런 춤에 열정이 없는 것은 아니지만 한국인이 보기에 이들
이 보이는 열정에는 매우 격식이 있습니다. 절도가 강하게 느껴집니다.
어떤 규격 안에서만 춤을 추지 그것을 넘어서지는 않습니다. 정해진 혹
은 약속된 스텝 안에서만 움직이고, 그것을 파괴하면서까지 춤을 추지

는 않습니다. 그래서 망아경에는 이르지 못합니다. 아주 강한 질서 속에서만 열정을 보이지 그 질서를 넘어서려 하지는 않기 때문입니다.

그러나 한국인들은 춤을 출 때 질서를 부숩니다. 그리고 카오스적인 망아경으로 들어가는 것을 목표로 합니다. 그래서 그런지 한국 춤은 흐드러집니다. 능청거립니다. 규범보다는 그것 너머의 카오스 세계로 향합니다. 한국 춤은 자신을 잊고 몸이 가는 대로 추는 것을 가장 높게 평가합니다. 이 점은 한국 예술미를 언급할 때 충분히 이야기해서 더 언급하지 않아도 되겠습니다.

이렇게 신기가 발달한 한국인들을 잘 이해할 수 있는 방법이 또 하나 있습니다. 뇌를 가지고 이해해보는 것입니다. 우리의 뇌는 좌뇌와 우뇌로 되어 있는데 이 두 부분은 현실을 바라보는 시각이 아주 다릅니다. 그래서 이것으로 한국인들을 분석해보고자 하는데 이런 시도에는 비판이 많습니다. 사람의 생각 같은 고도의 지성적 행위를 뇌라는 물질로 설명하는 것은 무리라고 말입니다. 또 좌뇌와 우뇌라는 이분법으로 보는 것도 문제가 있다고 반박합니다. 그런 비판은 충분히 이해가 됩니다마는 이렇게 단순하게 보는 것이 나쁘지만은 않습니다. 이렇게 보면 오히려 문제를 선명하게 이해할 수 있어 좋을 수 있습니다. 이런 비판을 염두에 두고 주의하면서 너무 확대 해석만 안 하면 큰 문제는 없을 것 같습니다.

| 6 |

유난히 발달한 감각과
공간 지각력

자, 다음에 나오는 그림을 보십시오. 우리의 뇌를 양분해서 각 뇌가 맡는 기능을 상징적으로 보여주고 있습니다. 먼저 좌뇌를 보면, 좌뇌는 잘 구획되어 있습니다. 잘 알려진 것처럼 좌뇌는 이성, 언어 등과 같이 추리나 논리적인 사고를 담당합니다. 그래서 좌뇌는 사물을 잘게 나누어서 분석하는 데에 뛰어납니다. 이에 비해 우뇌는 감각, 공간 지각력, 직관과 같은 능력을 담당합니다. 사물을 분석하기보다는 전체적으로 봅니다. 좌뇌가 철학이나 수학을 담당한다면 우뇌는 종교나 예술을 담당합니다. 그러니까 좌뇌는 개념이나 생각에 강하고 우뇌는 느낌이나 직관에 강하다고 할까요?

　이렇게 보면 한국인은 어떤 뇌가 발달해 있는지가 바로 나오지요? 말할 것도 없이 우뇌입니다. 그런데 오해를 피하기 위해 한 말씀 드려야겠습니다. 제 말씀은 한국인의 우뇌가 정말 발달했다고 하는 것이 아닙니

좌뇌와 우뇌의 기능

다. 한국인의 우뇌가 좌뇌보다 더 큰지 아니면 주름이 더 있는지 그런 것은 잘 모릅니다. 제가 여기서 말하고 싶은 것은 단지 한국인은 우뇌적인 성향이 많다는 것뿐입니다.

여기에 대한 증거는 얼마든지 댈 수 있습니다. 우리 한국인은 사물을 논리적으로 따지는 것보다는 감정적으로 표현하는 데에 강합니다. 솔직히 말해 한국인은 토론을 잘 못합니다. 상대방의 말을 논리적으로 이해하기보다는 감정적으로 제멋대로 해석해 자기 마음대로 말하기를 좋아합니다. 그래서 우스갯소리로 '100분 토론'이 아니라 '100분 우기기'라고 하지 않습니까? 또 자동차 접촉 사고 같은 사소한 분쟁이 벌어져도 이성적으로 해결하는 법이 없습니다. 꼭 욕지거리를 하고 싸우면서 마무리를 합니다.

다른 예를 들어볼까요? 우리말을 보십시오. 우리말의 구성이 어떤지를 보자는 것입니다. 명사는 개념어이기 때문에 좌뇌가 담당합니다. '이성'이니 '성향'이니 하는 단어는 개념어이기 때문에 한 번 더 생각해야 그 뜻을 알 수 있습니다. 그래서 이 단어들은 생각하는 좌뇌가 담당하게 됩니다. 그런데 이런 개념어는 모두 한자어입니다. 우리 고유어가 아닙니다. 한국인들은 이런 개념어를 자국어에서 발전시키지 않고 대부분 외래어인 한자로 충당했습니다. 이것은 아마도 생각하기를 별로 좋아하지 않는 한국인들의 습성에서 나온 결과인 것 같습니다.

한국어의 명사는 이렇게 발전되지 않았지만 형용사나 관형어가 '무지막지'하게 발달해 있습니다. 제가 일부러 '무지막지'라는 다소 어색한 표현을 한 것은 다 이유가 있습니다. 제가 세계 언어를 다 훑어본 것은 아니지만 한국어처럼 형용사나 관형어가 발전한 언어는 찾기 힘들 거라는 감이 있습니다(또 '감'이지요?) 한국어의 이러한 모습을 설명하기 위해 제가 많이 드는 예가 있습니다. 영어로 'yellow' 하면 한국어로는 '노랗다'라고 번역하는 게 정석일 테지만 한국어에는 노랗다 이외에도 비슷한 색깔을 나타내는 단어(형용사)가 수두룩합니다. 예를 들어 '누렇다', '샛노랗다', '싯누렇다', '노르스름하다', '누리끼리하다' 등 그 표현법이 수도 없이 많기 때문입니다. 이런 단어들은 영어로 번역하기가 불가능합니다. 그러나 한국인들은 이 단어들의 차이를 감각적으로 압니다.

그런가 하면 의태어나 의성어도 엄청나게 발달해 있습니다. 예를 들어 '소근소근', '조근조근', '조곤조곤', '자근자근' 등에서부터 '씰룩씰룩', '쌜룩쌜룩', '뒤룩뒤룩', '더덕더덕'이나 '깡총', '껑충', '겅중' 등 모음과 자음을 조금씩 바꿔 어떤 사물의 모습을 아주 감각적으로 다양하게 표현합니다. 이런 단어들은 영어 같은 다른 언어로 번역하기가 대단히 힘듭니다. 그러나 앞에서 말한 것처럼 한국인들은 이 단어들의 미묘한 차이를 다 압니다. 이런 단어들이 한국어 안에는 셀 수 없이 많습니다. 그래서 제가 앞에서 '무지막지'하게 많다는 표현을 한 것입니다.

한국인들이 생각하기 싫어하는 모습은 언어를 쓸 때에도 보입니다. 예를 들어 사물이나 사안을 정확히 표현하지 않고 대체어를 쓰는 것이 그것입니다. 가장 유명한 대체어는 '거시기'일 것입니다. 한국인들은, 특히 전라도가 고향인 사람들은 '그거 참 거시기한데'라는 표현을 많이 쓰는데 이 문장 자체로는 도대체 어떤 의미인지 알 수가 없습니다. 이렇게 애매하게 표현하는 데에는 여러 이유가 있겠지만 정확한 단어를 생각하기가 귀찮으니까 그렇게 하는 것일 수 있습니다. 두뇌를 한 번 더 돌리는 게 번거로우니까 그냥 '거시기'라는 대체어를 쓴다는 것이지요.

또 이런 경우도 있지요. 할머니가 옆방에 있는 손자에게 "얘, 거기 거시기 좀 가져와."라고 하면 손자는 감으로 알아서 할머니가 필요한 것을 가져옵니다. 할머니의 말에는 정확하게 어떤 것을 가져오라는 말이 없습니다. 따라서 어떤 추측도 할 수 없습니다. 그런데 물론 다 그런 것은 아니겠지만 손자는 감으로 할머니가 원할 것 같은 것을 가져옵니다. 이렇듯 한국인들은 감이나 감각 면에서는 세계에서 가장 뛰어난 민족 아닌가 하는 생각이 듭니다.

이런 말을 들으면 여러분들은 '한국인들이 그렇게 생각을 안 하고 사나? 한국인들도 나름 열심히 생각하면서 살고 있지 않은가'라고 반문할지 모르겠습니다. 그러나 제 생각에는 많은 한국인들은 생각을 철저하게 한다는 것 자체가 어떤 것인지 잘 모르는 것 같습니다. 생각을 주밀하게 한다는 게 어떤 건지 한번 예를 들어볼까요?

우리말 표현에 원수를 만났을 때 죽일 태세를 갖추고 "너, 오늘이 네 제삿날인 줄 알아라."라는 표현을 하지요? 제가 우연한 기회에 한국에 이런 표현이 있다는 말을 했더니 중국인 제자가 말하길 중국에도 그런 표현이 있는데 한국식 표현보다 조금 더 구체적이라고 하더군요. 그래서 중국인들은 어떻게 말하느냐고 물으니 중국에서는 "너 내년(來年) 오늘이 네 제삿날인 줄 알아라."라고 한다는 거예요. 그래서 가만 생각해 보니 이 표현이 더 정확하다는 것을 알겠더라고요. 그렇지 않습니까? 제사는 죽은 뒤 1년이 지나서 지내는 거지 죽은 날 지내는 게 아니지 않습니까? 그러니까 중국 표현이 더 정확한 겁니다. 이게 바로 생각을 주밀하게 하는 것입니다.

말이 나와서 하는 말이지만 중국인은 우리보다 훨씬 논리적인 사고를 합니다. 물론 중국인도 서양인보다는 우뇌적이지만 우리보다는 좌뇌적입니다. 그래서 중국에서는 수많은 철학자가 나온 것입니다. 중국인이 창시한 성리학 같은 것은 매우 좌뇌적인 철학입니다. 이름 자체에 이미 이치나 이성을 뜻하는 이(理)라는 글자가 들어가 있지 않습니까? 그에 비해 한국에는 자생 철학이 없습니다. 한국에서 중국을 능가하는 철학자가 나온 건 신라 대에 원효를 위시해 그와 비슷한 시대에 있었던 몇몇 불교 승려들뿐입니다. 그 외에 고려의 승려나 조선의 성리학자들은 학문적으로는 중국을 넘어서지 못합니다. 이처럼 한국에는 세계에 내놓을 만한 철학자가 아주 적습니다. 이전에도 그랬고 지금도 그렇습니다. 제 어줍지 않은 생각에 한국인의 두뇌는 철학을 하라고 만들어진 것이 아닌 것 같습니다.

그러나 한국인은 철학에는 약해도 종교에는 강합니다. 종교 쪽으로 오면 한국인은 펄펄 납니다. 종교는 좌뇌보다는 우뇌의 영역에 속합니다. 감정과 직관의 영역이기 때문입니다. 지금 한국에서 기독교가 극성

우뇌 영역에 해당하는 종교에 강한 한국인 세계적인 종교가 최제우(천도교, 왼쪽), 강일순(증산교, 가운데), 박중빈(원불교, 오른쪽)

을 부리는 원인 중의 하나도 한국인의 이러한 성향과 관계가 깊을 겁니다. 그리고 한국에는 세계적인 철학자는 없지만 세계적인 종교가는 많습니다. 최제우(천도교)이나 강일순(증산교), 박중빈(원불교), 김일부(남학)와 같은 분들이 그들입니다. 이분들이 만일 한국에서 태어나지 않고 다른 선진국에서 태어났다면 지금쯤 세계적으로 큰 대접을 받았을 터인데 조상들을 그리 공경하지 않는 한국에 태어나 제대로 대접을 받지 못하고 있습니다. 종교 이야기가 나오면 종교학이 전공인 제가 할 말이 많지만 갈 길이 머니 예서 종교 이야기는 접기로 하겠습니다.

신기나 신명도 우뇌에 속하는 기운이지 좌뇌와는 거리가 멉니다. 좌뇌는 누누이 말한 것처럼 질서, 즉 코스모스의 세계입니다. 이에 비해 우뇌는 무질서, 혹은 초질서, 즉 카오스의 세계입니다. 신기가 올라 신명의 영역으로 들어가면 우리는 카오스의 세계를 경험합니다. 여기서 코스모스의 세계는 온데간데없이 사라집니다. 냉철한 이성은 없고 엄청난 감정의 폭발이 있고 직관이 열립니다.

이렇게 신명이 많은 한국인들은 철학은 못해도 음악이나 무용 같은 예술에는 아주 능합니다. 그 예가 너무 많아 다 들 수는 없으나, 세계적인 한국 연주가들을 생각해보십시오. 한국인의 음악적 능력에 대해서는 이미 전 세계가 인정했습니다. 그런데 같은 음악 분야이면서 높은 창작력이나 깊은 사고력을 필요로 하는 작곡에서는 한국인들이 맥을 못 춥니다. 그렇지 않습니까? 윤이상 선생이 가신 다음에는 세계적인 한국인 작곡가가 거의 없습니다(물론 진중권 교수의 누나인 진은숙 씨 같은 분이 있기는 하지만 극히 소수입니다).

그러니까 한국인은 가만히 혼자 앉아서 곡을 쓰고 하는 따위의 행위는 잘 못한다고 볼 수 있습니다. 혼자 있거나 조용하게 사색하는 건 한국인과는 잘 안 어울리는 것 같습니다. 대신 여럿이 모여 감정을 마음껏 발산하면서 소리를 지르듯이 노래를 하고 악기를 연주하며 춤을 추는 데에는 한국인들이 아주 능합니다. 그래서 한국인이 있는 곳은 시끄럽습니다. 여기서도 한국인들이 얼마나 감각적인 사람들인가를 알 수 있습니다.

한국인의 뛰어난 감각은 하도 여러 군데에서 나타나 그것들을 다 들수가 없습니다. 가령 병아리 암수 감별도 그렇습니다. 한국인은 손 감각이 대단히 뛰어나서 병아리를 다루는 기술도 좋고 아주 빠른 시간에 암수를 판별하는 출중한 능력도 갖추고 있다고 합니다. 그래서 40여 년 전에는 10여 명의 감별사가 페루로 이민도 가고 그랬습니다.

우뇌적인 한국인이 진짜 능력을 발휘하는 곳은 양궁입니다. 그런데 이런 이야기가 있지요? 동북아 삼국, 즉 한국, 중국, 일본인들이 각각 잘하는 무기가 다르다고요. 중국인은 창에 능하고 일본인은 칼에 능하다면 한국인은 활에 능하다고 합니다. 이 무기들을 보면 또 재미있습니다. 우선 제 눈에 활은 전형적인 우뇌형 무기이고, 칼은 좌뇌형 무기 같습니다. 활은 공간을 크게 지각하고 감에 의존해 쓰기 때문입니다. 반면 칼은 대단히 섬세하고 주밀하게 쓰는 무기인 듯 보입니다.

그래서 우뇌적인 한국인은 활을 잘 쏘고 좌뇌적인 일본인은 칼을 좋아하는 것 아닌지 모르겠습니다(참고로 일본인은 대단한 좌뇌형 민족입니다). 이에 비해 창은 섬세한 면도 있으면서 큰 공간에서 쓰는 무기입니다. 따라서 이것은 좌뇌와 우뇌를 골고루 쓰는 무기인 것으로 판단됩니다. 중국인은 좌우뇌가 우리보다 훨씬 균형 있게 발달해 있다는 말이 있습니다. 이런 것은 과학적으로 증명할 수는 없는 문제이지만 이 세 나라 사람들을 이해하려 할 때 유용한 면이 있어 한번 이야기해보았습니다.

다시 양궁으로 돌아가면, 양궁은 좌뇌적 능력을 이용하여 치밀하게 계산해서 쏘는 게 아니라 우뇌적 능력으로 감을 잡아서 쏘는 것일 겁니다. 그러니까 공간을 크게 보고 과녁에 조준한 다음에 감이 오면 활을 놓는 것이라는 겁니다. 이것은 제 말이 아니라 양궁 선수들이 하는 말입니다. 2008년 북경 올림픽 때 양궁에서 금메달을 딴 임동현 선수의 이야기입니다. 이 선수는 시력이 0.1밖에 안 된답니다. 그래서 이 소식을 들은 어떤 안과 병원에서 임 선수에게 무료로 라식 수술을 해주겠다고 한 모양입니다. 그런데 임 선수는 이 친절한 제의를 단번에 거절했다고 합니다. 이유는 간단했습니다. 양궁은 감각으로 하는 건데 그런 수술이 왜 필요하냐는 것이었죠.

가만히 생각해보면 임 선수 말이 맞는 것 같습니다. 남자 양궁에서 과녁까지 가장 먼 거리는 90미터입니다. 90미터면 정말 먼 거리입니다.

그런데 그 먼 거리에 있는 10센티미터 지름의 원 안에 화살을 꽂는다는 게 어찌 쉬운 일이겠습니까? 그것은 아무리 눈이 좋은 사람일지라도 잘 보이지 않을 겁니다. 따라서 감으로 대하지 않으면 과녁을 맞히는 일이 결코 쉽지 않을 겁니다. 그러니까 조준하고 있다가 감이 오면 그때 재빨리 쏘는 것 아닌지 모르겠습니다.

한국인의 공간 지각력이 또 위력을 발휘하는 분야가 있습니다. 골프입니다. 특히 여성 골프입니다. 박세리 선수부터 크게 두각을 나타냈던 한국 여성들의 골프 실력은 2015년 6월 현재 박인비 선수에서 정점을 찍었습니다. 박인비 선수의 기록은 놀랍습니다. 메이저 대회 3연패를 달성한 LPGA 역대 세 번째 선수가 되었으니 말입니다. 그래서 LPGA의 공식 홈페이지의 메인 면에 그의 사진이 대문짝만하게 실렸습니다.

우리나라 여자 골프계에는 박인비 선수만 있는 게 아닙니다. 다른 여자 선수들도 많습니다. 신지애나 최나연, 김효주 선수는 말할 것도 없고 심지어 리디아 고처럼 교포 선수들의 활약도 대단합니다. 2015년 전반부만 봐도 한국 여자 선수들이 줄줄이 LPGA에서 우승을 했습니다. 1998년부터 지금(2015년 6월)까지 열린 72개 LPGA 대회 가운데 약 30퍼센트가량의 대회에서 한국 여자 선수들이 우승을 했다고 하니 우리 선수들의 실력을 알 만합니다.

그런데 우리는 이런 현실이 좋을지 모르겠지만 미국의 주최 측은 울상이랍니다. 후원 업체들이 연장 계약을 포기해서 그렇답니다. 사정을 알 만하지 않습니까? 이런 대회는 미국 선수들이 우승을 해야 미국인들이 보려고 할 텐데 자꾸 한국 선수들이 우승을 하니 미국인들이 외면하지 않겠습니까? 자국인들이 잘 보지 않으니 회사에서도 그런 대회

1998년부터 2015년까지 열린
72개 LPGA 대회 중
30퍼센트가량의 대회에서
한국 선수들이 우승했습니다.
우리 선수들의 실력을 알 만하지요?
이것은 바로 한국인의
뛰어난 공간 지각력 덕분입니다.

를 후원하려고 하겠습니까? 생각해보십시오. 한국에서 세계 태권도 대회를 하는데 계속 다른 나라 선수가 우승하면 한국인들이 그 대회 중계방송을 보겠습니까? 아무리 태권도가 국기라고 해도 많은 한국인들이 외면할 겁니다. 우리 여성 프로 골퍼들의 우승에는 이런 애환이 숨어 있습니다.

한국인들은 이런 우리 여성 골퍼들의 활약을 대수롭지 않게 생각하고 있는 것 같습니다. 우승 소식이 하도 자주 들리니 신경을 안 쓰는 겁니다. 그러나 생각해보십시오. 우리가 본격적으로 골프를 친 지가 얼마나 됩니까? 이전에는 특수층이나 고위층만 치던 골프를 일반 대중들이 본격적으로 치기 시작한 것은 20~30년밖에 안 될 겁니다. 그런데도 한국인이 세계에서 골프를 제일 잘 치는 국민(주로 여성)이 된 것은 한국인들이 지닌 성정과 관계가 있을 것입니다.

예감하다시피 이것은 바로 한국인의 뛰어난 공간 지각력 덕분입니다. 외계를 전체적으로 크게 파악하고 감각으로 재빨리 판단하는 능력 덕분이라는 것입니다. 우리는 이러한 한국인의 능력을 양궁에서 이미 보았습니다. 그런데 저 멀리에 있는 과녁에 활을 맞히는 것이나 저 멀리에 있는 구멍에 공을 넣는 것이나 다를 것이 있겠습니까? 제 눈에는 다 같은 능력으로 보입니다. 골프도 홀이 멀어서 잘 안 보입니다. 그래서 평소에 닦은 감각으로 공간을 크게 보고 감으로 치는 것일 겁니다(저는 필드에 나가보지 않아 잘 모릅니다만). 그래서 저는 전 세계에서 한국인은 공간을 제일 크게 보는 민족이라고 말합니다.

| 7 |

전방위적인 예능 감각

제가 유년기와 청소년기를 겪던 1960년대나 1970년대에 저는 우리나라의 문화가 전 세계적으로 각광받을 날이란 절대로 오지 않을 것이라고 생각했습니다. 아니 사실은 이런 생각조차 한 적이 없습니다. 그러니까 우리 문화가 전 세계적인 각광은커녕 세계로 수출될 수 있을 거라는 생각을 아예 처음부터 하지 않았다는 것이지요. 아무 생각 없이 서양(특히 미국)과 일본의 문화나 기술만이 최고이고 한국 것은 너절하기 짝이 없다고 생각했으니 말입니다. 당시에 한국인들은 너 나 할 것 없이 한없는 패배감에 빠져 있었죠. 그래서 노래도 팝송만 불렀고 그것만이 음악인 줄 알았습니다. 당시에 우리는 일본의 문화는 접해보지 못했지만 그들이 만든 물건을 보면서 환장했습니다(당시는 일본 문화의 유입이 금지되어 있어 제품을 제외하고 일본의 문화적인 것들은 접할 길이 없었습니다).

어렸을 때에 저는 소니(Sony) 같은 일본의 전자회사가 만든 녹음기를 보면서 한국 사람들은 절대로 이렇게 멋있는 기계를 만들지 못할 거라고 생각했습니다. 이때의 녹음기는 워크맨 녹음기를 말하는 것이 아니라 동그랗게 생긴 '릴 테이프'를 사용하는 것이었습니다. 그 녹음기가 카세트테이프 녹음기로 바뀌고 조금 있다가 워크맨 녹음기가 공전의 히트를 친 것입니다. 이런 녹음기들의 앙증맞은 모습을 통해 한국인들은 점차 일본의 기술력과 디자인 실력이 상승하는 것을 목격할 수 있었습니다. 반면 우리는 바닥을 헤매고 있으니 우리가 일본을 추월하는 것은 글렀다 하면서 큰 실망을 했던 기억이 새롭습니다. 그렇게 생각할 수밖에 없었던 것이 그때 한국 사람들이 만드는 것은 전부 엉터리였기 때문입니다. 디자인도 형편없었고 물건 자체도 금세 고장 나 쓸 수가 없었습니다. 당시 한국 산업계에서는 손톱깎이나 만들고 기술력이 있어봐야 오토바이 헬멧 정도나 만들었으니 한국 기술이 그 이상으로 발전하는 것은 있을 수 없는 일이라 여겼습니다. 그래서 문화도 전부 선진국에서 수입하는 것으로만 생각했지 우리 문화가 해외에서 주목받을 것이라고는 단 한 번도 생각해본 적이 없습니다.

그런데 1990년대 말부터 이상한 현상이 생기기 시작했습니다. 우리나라 드라마가 해외에서 인기를 끌기 시작했기 때문입니다. 이 드라마가 바로 한류의 세계화에 첫 테이프를 끊은 것입니다. 청중들에게 이 드라마가 무엇이냐고 물으면 대개 〈겨울 연가〉라고 대답합니다. 틀렸습니다. 〈겨울 연가〉는 한류가 이미 꽤 인기몰이를 하고 있을 때 나온 것입니다. 이 드라마에 대한 이야기는 곧 다시 하겠습니다.

그러면 여기서 한류의 구체적인 내용을 보기 전에 먼저 우리가 왜 한류를 주목해야 되는지를 한번 살펴보겠습니다. 잘 아시는 것처럼 우리 한국의 문화는 세계적으로 별로 주목받지 못했습니다. 이것은 현대나 과거나 마찬가지입니다. 우리 문화는 단군 이래로 거의 외국으로 수출된 적이 없습니다. 극히 부분적으로 일본과 중국에서 인기를 얻은 적이 있지만 한국은 거의 알려지지 않은 나라였습니다.

그러다 지금은 우리 한류 문화가 전 세계적으로 엄청난 인기몰이를 하고 있습니다. 이런 일이 생기리라고 생각한 한국인은 아마 거의 없었을 겁니다. 우리는 과거에는 2,000년 동안을 중국 문화만 좇고 살았고 그 뒤에 잠시 일본 문화를 강제로 따랐다가, 최근에는 미국 문화를 최고라고 생각하며 살았기 때문에 문화를 수입하기만 했습니다. 그러니까 한국인의 뇌리에는 이처럼 문화라는 것은 수입만 하는 것이지 자국의 문화를 수출한다는 개념 자체가 없었습니다. 남의 것만 따르고 수입하는 버릇이 하도 깊게 들어 있어 우리 것을 수출할 수 있을 것이라고는 상상하지 못했던 것입니다.

그런데 한국인들도 모르는 사이에 우리 문화의 수출이 대폭발을 하게 됩니다. 전혀 예상치 못한 일이었죠. 만년 문화 수입 국가가 느닷없이 수출 국가로 바뀌었으니 말입니다. 그래서 한국인 자신들도 놀랐고 처음에는 믿지 않았지요. 늘 미국의 드라마나 영화, 음악을 들여오기 바빠서 우리의 드라마나 노래가 수출될 거라고는 생각을 못 한 것이지요.

그러다 이 한류가 크게 터진 겁니다. 단군 이래 처음으로 우리 문화가 엄청난 기세로 수출된 겁니다. 그것도 소수의 나라에 소량으로 수출된 것이 아니라 전 세계를 향해 대량으로 수출되었습니다. 이런 일이 처음 벌어졌는데, 여기서 중요한 건 무엇을 수출했느냐는 것입니다. 여러분이 잘 아시는 것처럼 노래와 드라마니까 모두 엔터테인먼트와 관계된

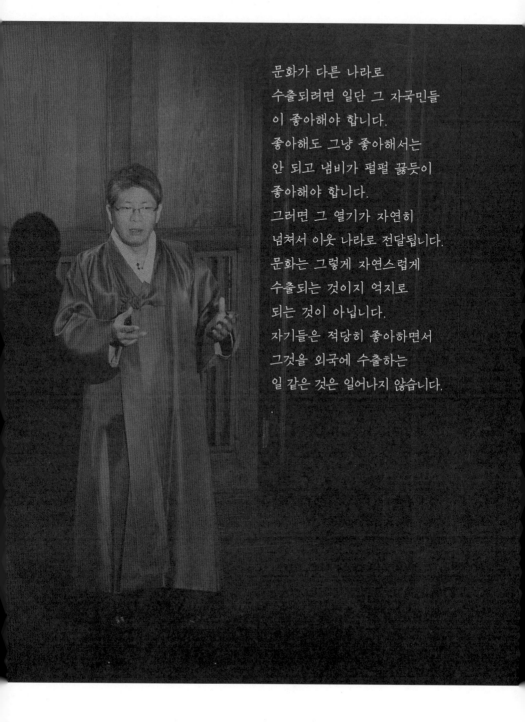

문화가 다른 나라로
수출되려면 일단 그 자국민들
이 좋아해야 합니다.
좋아해도 그냥 좋아해서는
안 되고 냄비가 펄펄 끓듯이
좋아해야 합니다.
그러면 그 열기가 자연히
넘쳐서 이웃 나라로 전달됩니다.
문화는 그렇게 자연스럽게
수출되는 것이지 억지로
되는 것이 아닙니다.
자기들은 적당히 좋아하면서
그것을 외국에 수출하는
일 같은 것은 일어나지 않습니다.

것들입니다. 엔터테인먼트가 무엇입니까? 엔터테인이니 노는 겁니다. 한자말로는 예능이라고 할까요? 전부 노는 것으로, 즉 노래와 춤, 그리고 텔레비전 드라마를 가지고 기막히게 잘 만들어서 전 세계로 수출한 것입니다.

노는 데에 세계 최고의 민족인 한국인들이 일을 낸 겁니다. 보십시오, 한류는 철학이나 문학 같은 인문학이나 순수 예술 분야 같은 이른바 고급문화와는 거의 관계가 없습니다. 전부 대중문화와 관계된 것들입니다. 한국인들이 일상적으로 아주 잘하는 것들입니다. 그런 것들이 모이고 쌓여 한류 수출이라는 대단한 업적을 일군 것입니다. 그래서 저는 10여 년 전부터 이렇게 말해왔습니다. 한국인들은 노래하고 춤이나 추라고 말입니다. 왜냐면 한국인들은 그것을 전 세계에서 제일 잘하기 때문입니다. 잘하는 것을 더 많이 해야 남들을 앞서가는 것 아니겠습니까?

사람들은 한류 성공의 비밀에 대해 말이 많습니다. 그동안 많은 분석이 있었죠. 그들의 설명에는 타당한 부분이 많이 있습니다. 궁금하신 분들은 그 분석을 참고하면 되겠습니다. 예를 들어 지난 2012년에 문화체육관광부가 지속가능한 한류 발전 기반 조성을 위해 주목해야 할 한국 문화 유전자를 10개로 집약하여 선정한 바가 있습니다.

그것은 흥(신명), 끈기(인내), 정(나눔), 해학(여유), 발효(숙성), 예의(선비 정신), 역동성(열정), 공동체 문화(우리), 어울림(조화), 자연스러움인데 이런 분석은 다 좋습니다. 분명 한류에는 이런 요소들이 곳곳에 스며들어 있습니다.

이런 분석이 다 들어맞는 것이긴 하지만 제일 중요한 것을 하나 놓치고 있습니다. 이 조건이 채워지지 않으면 한류는 이런 엄청난 성공을 거

두지 못했을 겁니다. 이것이 무엇일까요? 저는 이것을 '끓(어 넘쳐 오르)는 냄비' 이론이라는 이상한 단어로 설명하곤 했습니다. 간단히 말해서 그냥 '냄비 이론'이라고 해도 됩니다. 이름은 이상하지만 내용은 간단합니다. 냄비에 내용물을 넣고 오랫동안 끓이면 나중에 넘치지 않습니까? 그래서 밖으로 흘러나오지요? 한류 같은 문화의 수출도 마찬가지 과정을 거쳤다는 것이지요.

문화가 다른 나라로 수출되려면 일단 그 자국민들이 좋아해야 합니다. 좋아해도 그냥 좋아해서는 안 되고 냄비가 펄펄 끓듯이 좋아해야 합니다. 그러면 그 열기가 자연히 넘쳐서 이웃 나라로 전달됩니다. 문화는 그렇게 자연스럽게 수출되는 것이지 억지로 되는 것이 아닙니다. 자기들은 적당히 좋아하면서 그것을 외국에 수출하는 일 같은 것은 일어나지 않습니다.

그런데 보십시오. 한국인들이 노래를 얼마나 좋아합니까? 지구상에서 노래를 제일 좋아하는 민족이 한국인이라고 할 정도로 노래를 좋아하지 않았습니까? 이 부분은 앞에서 이미 이야기했으니 더 이상 말할 필요 없겠습니다. 그렇게 5,000만 국민이 노래를 좋아하니 좋은 가수나 최고의 기획자나 작곡가처럼 대중가요와 관계된 출중한 인물들이 안 나오겠습니까? 우리나라 최고의 기획사를 세운 이수만 씨나 양현석 씨, 그리고 박진영 씨는 모두 성공한 가수 출신 아닙니까? 이들은 어느 누구보다도 음악 감각이 뛰어나 한국의 대중가요를 전 세계에 수출할 수 있었을 겁니다.

그다음에 한국인들의 드라마 사랑 역시 전 세계에서 둘째가라면 서러워할 겁니다. 텔레비전이 아침부터 드라마로 도배되는 것은 말할 것도 없고 전 국민이 드라마를 봅니다. 한국인들은 드라마를 그냥 보는 게 아닙니다. 보면서 또 일일이 '댓글'을 답니다. 드라마 만드는 데에 참여하는 것이지요. 그러면서 원래의 '스토리 라인'을 바꿔놓기도 합니다. '저 남자는 죽여라', '저 여자는 꼭 복수하게 해라' 등등 댓글을 달아 작가로 하여금 이야기 자체를 바꾸지 않으면 안 되게끔 만듭니다.

그런데 그렇게 되면 드라마의 스토리 라인이 더 좋게 될 수 있지 않을까요? 이것은 그냥 추측이긴 하지만 이렇게 수많은 사람이 참여해서 작품을 만들면 작가 한 사람이 쓰는 것보다 더 많은 사람의 공감을 얻을 수 있는 이야기가 나올 수 있지 않겠습니까? 다시 말해 완성도가 더 높은 드라마가 나온다는 것이지요. 그렇게 완성도가 높은 드라마가 나오니 상대적으로 외국에 가서 성공할 수 있는 확률이 높아졌을 겁니다. 그런데 이 대단한 한류의 시작을 어떤 것으로 잡으면 좋을까요? 앞에서 〈겨울 연가〉는 아니라고 했습니다. 그럼 무엇일까요? 이제 그것을 보기로 하겠습니다.

한류의 시작

한류의 효시가 된 것은 1997년 중국에 수출되면서 1억 5,000만 명의 중국인이 시청했다는 〈사랑이 뭐길래〉라는 드라마입니다. 그래서 그때는 중국인들이 한국에 관광을 오면 주인공인 대발이(최민수 분)네 집에 가자고 했답니다(이 집이 영등포 어딘가에 있는 것으로 설정되었다고 하더군요). 그 정도로 이 드라마가 인기 있었습니다. 그런데 그때는 우리가 아직 한류의 존재를 잘 모르던 때라 이 드라마는 예외적으로 인기가 있는 것이고 그냥

MBC TV의 〈사랑이 뭐길래〉 방영 장면
1991년부터 1992년까지 방송된 이 드라마의 평균 시청률은 59.5퍼센트, 최고 시청률은 64.9퍼센트를 기록하여 1997년의 KBS TV 드라마 〈첫사랑〉 65.8퍼센트에 이어 역대 2위를 기록했다.

저러다가 말겠지 했습니다. 그런데 그 뒤로 한류가 중국을 넘어 동남아 등지로 스멀스멀 퍼지기 시작하더니 오늘날에 이른 것입니다.

이 드라마에 대한 이야기도 재미있는 게 많습니다. 여기서 이순재 씨는 아주 엄한 가부장적인 아버지로 나와 열연을 해 많은 인기를 끌었습니다. 이 인기 덕에 국회의원에 당선되기도 합니다. 이 가장의 한마디면 부인도 벌벌 떨고 딸도 아들 내외도 꼼짝 못했습니다. 우리나라에서도 마찬가지이지만 이 드라마가 특히 중국에서 인기를 끌었던 것은 과거에 대한 추억에 잠길 수 있었기 때문입니다. 중국인들은 과거에 유교가 살아 있을 때는 자기네 나라에서도 아버지의 권위가 저렇게 막강했는데 하면서 좋아했던 것입니다.

그런데 재미있는 것은 바로 그 같은 배우가 불과 10여 년이 지난 뒤에 방영되었던 드라마(〈지붕 뚫고 하이킥〉)에서는 아주 코믹한 인물로 바뀌었다는 사실입니다. 기억하실지 모르지만 이 드라마에서 이순재 씨의 별명은 '야동 순재'였습니다. 엄한 가부장의 모습은 찾을 수 없고 몰래 포르노 필름이나 보는 웃기는 존재가 되어버린 겁니다. 이것은 한국 사회가 그만큼 빨리 변한다는 것을 보여주는 것이라 하겠습니다.

　이 드라마 이후부터 쏟아져 나온 한류의 내용은 너무 다양하고 양이 많아 여기서 다 다룰 수가 없습니다. 그리고 제가 다른 저서(『한국의 신기』)에서도 자세하게 다루었고 다른 연구자들도 숱하게 언급해서 여기서 또 그 자세한 내용을 말하는 것은 의미가 없겠습니다. 그 뒤에 이어진 한국 배우와 가수들이 누린 해외에서의 인기는 필설로 다 할 수 없습니다. 예를 들어서 가장 최근 이야기로 여성 그룹인 투에니원(2NE1)의 씨엘(CL)이라는 가수가 적어도 온라인에서는 미국의 『타임』이 선정한 2015년 '미국에서 가장 영향력 있는 인물 100인'에서 2위를 차지했다는 소식이 있었습니다. 그러나 애석하게도 『타임』의 자체 심사에서 탈락해 100인 안에는 못 들어갔다고 하지요?

　이런 이야기들이 부지기수로 있어 한류 현상을 하나하나 보는 것은 불가능합니다. 따라서 여기서는 상징적이고 일정한 기록을 세운 것들을 중심으로 몇 가지만 보기로 하겠습니다. 한류가 워낙 광범위하게 전 세계적으로 인기를 끌고 있어 선별해서 볼 수밖에 없습니다.

　우선 드라마에서 전 세계적으로 한류 열풍을 끌고 온 작품으로는 〈대장금〉을 들 수 있습니다. 앞서 보았던 드라마 〈사랑이 뭐길래〉는 그 인기가 주로 중국에만 한정되었던 것에 비해 〈대장금〉은 차원이 달랐습니다. 2003~2004년에 방영된 이 드라마는 국내에서도 2000년대 이후 역대 최고 시청률(41.6퍼센트)을 보유한 드라마로 기록되는데 그뿐만이 아니라 한국 드라마 가운데 가장 많은 국가에서 방영된 것으로도 유명합니다. 수출 초기에는 전 세계 60여 개국에서 방영되었는데 지금은 90여 개국으로 확장되었다고 하니 그 인기를 알 만합니다. 〈대장금〉에 대해

MBC TV 드라마 〈대장금〉의 한국, 일본, 중국 포스터

서는 워낙 정보가 많았기 때문에 더 이상의 설명이 필요 없을 겁니다. 그중에서 가장 강하게 기억이 나는 것은 2007년경 이란에서 〈대장금〉이 방영되었을 때 평균 시청률이 90퍼센트였다는 것입니다. 어떻게 이런 일이 가능할까 하는 생각도 들지만 이란은 국영 텔레비전 방송국밖에 없어서 이런 결과가 나올 수 있다고 하더군요. 더욱 놀라운 사실은 2013년에는 스리랑카에서도 방영되었는데 시청률이 무려 99퍼센트였다고 하더군요.

〈대장금〉이야기는 제가 앞에서 언급한 이전 책에서 충분히 다루었으니 여기서는 생략하기로 하겠습니다. 2016년에는 배우 이영애 씨가 10여 년 만에 새로운 드라마(〈신사임당〉)로 돌아온다고 하더군요.

〈대장금〉과 관련해 더 하고 싶은 이야기가 있다면 그것은 〈대장금〉 방영 국가들을 보면 알 수 있듯 우리 한류가 당시는 미국이나 유럽 같은 서구에는 침투하지 못했다는 사실입니다. 〈대장금〉은 중앙아시아나 아프리카 같은 이른바 제3세계의 지역에서는 엄청난 인기몰이를 했지만 유럽이나 미국에서는 존재의 가치조차 없었습니다. 그래서 우리는 그때

(괄호 안은 진출 연도 및 시청률)

〈대장금〉 주요 진출국 현황 (2011년 1월 현재, 외교통상부)

한류의 한계는 거기까지구나라고 생각했습니다. 다시 말해 '백인들한테 는 우리 문화가 통하지 않는구나'라고 한계를 절감했던 것입니다. 물론 〈대장금〉은 2010년 이후 스페인 등 일부 유럽 국가에 진출하게 되었지 만 말입니다.

그러나 이 한계는 한국의 가수들에 의해 서서히 깨져나갔고 뒤에서 곧 볼 것처럼 국제 가수 싸이에게서 완전히 허물어집니다. 우리나라 최 고의 기획사에 소속되었던 '원더걸스' 같은 가수들이 서서히 서구에서 각광을 받기 시작했는데 그러다 싸이에게서 빵 터진 것입니다. 그 뒤부 터 한류는 전 세계 방방곡곡을 누비게 됩니다. 우리 대중가요가 특히 그 런데, 그것을 보기 전에 잠깐 보았으면 하는 드라마가 하나 더 있습니다.

눈치 빠른 독자들은 충분히 예상하셨다시피 〈겨울 연가〉가 그것입니 다. 이 드라마 역시 전 세계적으로 각광을 받았지만 특히 일본과의 관계 에서 특별한 드라마라서 한번 이야기하고 싶었습니다. 이 드라마가 일본에서 방영되기 전까지 일본인들은 하숙생을 받을 때 한국인들을 거절할 정도로 한국을 시답지 않게 생각했었습니다. 확실한 이유 없이 한국을 싫어했습니다. 그러다 이 드라마가 일본에서 방영된 이후 분위기가 완전히 달라졌습니다. 공연히 한국이 좋아지기 시작한 것입니다. 그래서 일본인들이 한국을 뻔질나게 드나들고 한국어를 배우는 등 한국과 가까워지기 위해 부단히 애를 썼습니다. 이처럼 이 드라마와 얽힌 이야기는 참으로 많습니다마는 이것도 이전에 많이 인구에 회자되었으니 말할 필요가 없을 것입니다.

그런데 2016년 1월 현재 한국과 일본의 사이는 아주 나빠져 있습니다. 그래서 지금 일본에 한류를 수출해 생기는 수익이 많이 줄었을 것으로 생각하기 쉬운데 상황은 반드시 그렇지는 않은 모양입니다. 수익이 이전보다 얼마나 줄고 늘었는지는 잘 모르겠지만 한 가지 확실한 것은 한류의 수출로 인해 일본에서 들어오는 수익이 한류 전체 수익의 반 이상을 차지한다는 사실입니다. 이것은 일본 시장이 그만큼 크기 때문에 그럴 수 있겠지만 그 이유에 대해 조금 다른 시각으로 보면 어떨까 하는 생각입니다.

이 조금 다른 시각이라는 게 무엇일까요? 앞에서 본 것처럼 좌우뇌의 차이점을 가지고 보자는 것이지요. 일본인들은 앞에서 언급한 대로 좌뇌적인 사고를 하는 민족입니다. 그래서 그들은 한번 마음을 주면 잘 바꾸지 않습니다. 그에 비해 한국인들은 우뇌형 민족이라 변덕이 죽 끓듯 합니다. 그래서 무엇이든 자꾸 바꾸는 것을 좋아합니다. 일본인들은 한번 좋아한 것은 수십 년을 두고 좋아합니다. 변하지 않습니다. 그래서 일본인들은 한 연예인을 좋아하면 기본으로 수십 년을 좋아합니다. 일본에서 유학했던 동료가 하는 말이 30년 만에 일본에 갔더니 유학 시절 보던 배우가 아직도 활동하고 있어 신기했다고 하더군요. 1년이 무섭게 바뀌는 우리와는 아주 다릅니다.

그래서 일본인들은 자신이 좋아하는 한국 가수나 배우들을 잘 '버리지' 않습니다. 글쎄요, 빅뱅이 아직도 일본에서 큰 인기를 끌고 있는 것이 그 때문 아닌지 모르겠네요. 이런 맥락에서 한번은 이런 이야기를 한적이 있습니다. 욘사마(여기서 '사마'는 무당을 뜻합니다. 시베리아 쪽의 말로 무당을 샤만이라고 하는 데서 나왔습니다.)가 영원히 살고 싶다면 지금 죽으면 될 거라고 말입니다. 물론 이것은 농담입니다.

그런데 만일 이런 일이 실제로 일어난다면 일본인들은 욘사마를 위해 신사를 만들어줄 겁니다. 신사라는 것이 원래 이런 과정을 거쳐 만들어진 것이기 때문입니다. 어떤 걸출한 인물이 죽으면 점차 그를 신격화하여 모신 게 신사입니다. 제가 이런 이야기를 했더니 일본인 제자가 바로 받아서 그러잖아도 벌써 욘사마의 사진이 신사에 걸려 있다고 하더군요. 저는 순간 '아니 벌써 신격화 과정이 시작되었나? 욘사마가 벌써 '반신반인'의 경지에 올라갔나?' 하는 생각이 들었습니다.

그래서 조사해보니 그런 것은 아니었고 단지 그가 출연한 드라마의 포스터가 붙어 있는 것이었습니다. 해당 신사는 도쿄 북쪽 사이타마 현에 있는 고려신사(일본어 발음으로는 '고마' 신사라고 합니다.)입니다. 이 신사는 고구려의 마지막 왕이었던 보장왕의 막내아들인 약광(若光)을 모신 신사입니다. 그래서 신사 이름도 고려신사가 되었습니다. 여기에 배우 배용준이 출연했던 〈태왕사신기〉의 포스터가 객전(내방객을 맞는 곳)에 걸려 있던 것입니다. 이 이야기는 한류 스타와 관련해 재미있는 이야

고려신사 객전에 걸려 있는 배용준의 〈태왕사신기〉 포스터
(출처 : http://hermod.egloos.com/1244443)

기라 소개해보았습니다.

그런가 하면 2014년 중국을 강타한 우리 드라마 〈별에서 온 그대〉도 한류사에 우뚝 설 수 있는 드라마일 것입니다. 이 드라마에 대해서는 중국에서 터진 '치맥 열풍'부터 해서 그동안 너무나도 많은 이야기가 있어 더 이상 설명이 필요 없을 지경입니다. 그래서 앞으로 이런 드라마들에 대해 일일이 거론할 필요가 없을 것 같습니다. 왜냐면 이런 드라마는 앞으로도 계속해서 나올 테니까요.

외국인들은 왜 한국 드라마에 환호하는가

그러면 한국 드라마는 어떤 면이 경쟁력이 있기에 이렇게 엄청난 인기몰이를 하는 걸까요? 여기에도 그동안 많은 분석이 있었는데 여기서는 가장 설득력 있는 요소 하나만 보기로 하겠습니다. 이것은 대중문화 평론가인 이영미 씨의 분석에 힘입은 바가 큽니다.

그분에 의하면 한국 드라마는 틀이 엉성합니다. 스토리 라인의 짜임새가 느슨하다는 것이지요. 또 앞뒤 사건의 인과적인 관계도 그리 정교하지 못합니다. 우발적인 사건이 너무 많습니다. 솔직히 말하면 저는 텔레비전 자체도 그리 자주 안 보지만 드라마는 전혀 안 보기 때문에 드라마에 대해 말할 자격이 안 됩니다. 드라마가 싫어서 피하는 것이 아니라 전개가 너무 느리기 때문에 그렇습니다. 약 2시간이면 다 할 수 있는 이야기를 10배 이상 늘여서 하니 답답해서 못 보는 겁니다. 또 논리적인 면도 부족해 선선하게 받아들이기가 어렵습니다. 같은 내용을 영화는 얼마나 함축적으로, 그리고 논리적으로 전개합니까? 그래서 저는 영화는 꽤 자주 보는 편입니다. 물론 컴퓨터로 보는 것이지 영화관에 가서 보는 것은 아닙니다. 영화가 진행되는 2시간도 너무 길어 한 번에 다 보지는 못하고 며칠에 걸쳐 나누어 보기 때문에 집에서 편하게 컴퓨터로 보는 것이지요.

이영미 씨가 한국 드라마는 틀이 엉성하다고 한 것은 이런 면을 말하는 것일 겁니다. 스토리의 전개를 보면 그 점을 잘 알 수 있습니다. 한국 드라마는 앞만 보면 뒤를 보지 않아도 그 스토리가 어떻게 전개될지 다 알게 됩니다. 나오는 소재가 뻔하기 때문입니다. 반면 미국 드라마는 끝까지 보아야 내용 전개를 이해하게 됩니다. 문제는 일본 드라마입니다. 일본 드라마는 끝까지 봐도 결말을 이해할 수 없을 때가 있답니다.

이런 분석이 물론 조금 과장되게 이루어진 면이 있지만 3국의 드라마의 특징을 아주 잘 요약한 것 같습니다. 특히 한국과 일본 드라마의

	한국 드라마	일본 드라마	미국 드라마
전체 분위기	막장	과장	긴장
맛	맵고	심심하고	느끼함
지나친 점	쓸데없이 흥분	쓸데없이 열심	쓸데없이 진지
스토리	안 봐도 알고	봐도 모르겠고	끝까지 봐야 앎

한국, 일본, 미국 드라마의 특징
(이영미, 「한국의 드라마－톡 쏘는 한 방의 매운 맛, 한국 드라마의 매력」, 『한국학의 즐거움』)

전개 비교가 아주 재미있습니다. 왜냐하면 한국 드라마는 우뇌형 스타일의 전개인 반면 일본 드라마는 좌뇌형 스타일의 전개이기 때문입니다. 우뇌형은 좌뇌형이 보기에 무엇이든 대충대충 하는 것 같습니다. 그래서 우뇌형 인간이 만든 이야기는 전개가 치밀하지 못합니다. 반면 좌뇌형은 엄청나게 치밀하게 이야기를 짭니다. 그렇기 때문에 우뇌형들은 이것을 잘 따라가기 힘듭니다. 한국인들이 일본 드라마를 끝까지 보아도 이야기의 전모를 파악하지 못하는 것은 이 때문일 것입니다. 좌뇌형인 일본인들은 이야기를 너무 꼬기 때문에, 모든 것을 직선적 혹은 직관적으로 보는 우뇌형의 한국인들은 그런 이야기를 이해하기가 무척 힘듭니다.

김대중 대통령 시절에 일본 문화를 개방한다고 하니까 엄청난 소요가 있었지요? 그때 한국 대중문화는 기반이 약해 일본 문화에 다 휩쓸려 갈 거라는 우려의 목소리가 높았습니다. 그런데 사실은 그게 다 기우였습니다. 왜냐하면 좌뇌형의 일본 대중문화는 한국인들에게 그다지 어필할 수 없기 때문입니다. 결과도 그렇지 않았습니까? 다 개방을 했지만 일본의 대중문화는 거의 한국 사회에 들어올 수 없었습니다. 일본의 영화나 드라마, 가요들이 한국에서는 위력을 발휘하지 못했습니다. 서로

간의 성향이 다른 게 이런 결과를 초래했습니다.

그렇다면 사람들은 왜 한국 드라마에 열광할까요? 글쎄요, 여기에도 많은 이유가 있겠지요. 그 가운데 여기서는 한국 사람들의 성향과 관련지어 알아볼까 합니다. 앞에서 계속 저는 한국인들이 논리적인 것보다는 감각적인 데에 능하다고 했습니다. 드라마에도 이 성향이 그대로 반영되어 있습니다. 한국인들은 이야기를 논리적으로 끌고 나아가는 데에는 약합니다. 아니 그렇게 논리적으로 전개된 것이 있으면 흥미를 갖지 않습니다. 일본 드라마가 한국에서 전혀 인기몰이를 못 하는 것도 그런 데에 연유합니다.

미국 드라마나 영화도 마찬가지입니다. 미국에서는 치열한 논리를 펼치면서 싸우는 법정 드라마나 영화가 매우 많은 인기를 끕니다. 그런데 이런 드라마나 영화가 한국에 들어오면 백이면 백 참패입니다. 한국인들은 논리적으로 따지면 금세 싫증을 느낍니다. 그보다는 감정을 자극하는 소재가 나와야 합니다. 중간에 스토리가 비논리적으로 비약을 해도 별로 신경을 쓰지 않습니다. 무언가 감정적인 코드를 자극해야 좋아합니다.

일전에 어떤 유명한 다큐멘터리 감독에게 들은 이야기가 생각납니다. 그는 식물(버섯) 다큐멘터리를 찍으면서 그 필름에 자신이 고생했던 영상도 담았답니다. 며칠 밤을 새우면서 찍어 초췌해진 자신의 모습을 그 필름에 포함한 것입니다. 이게 국내에서는 아주 좋은 호응을 얻었습니다. 그런데 영국의 어떤 영화제에 출품했더니 당장 이 부분을 지적하더라는 겁니다. '이 필름은 버섯만 찍는 건데 왜 당신이 나오느냐'고 말입니다. 사실이지 이 관계자 이야기가 맞습니다. 그런데 한국인들은 버섯만 다루면 무언가 메마르다고 생각하는 것입니다. 거기에 감정에 호소하는 무언가가 있어야 좋아하는 것이죠.

한국 드라마는 바로 이 점에 충실합니다. 이야기는 뻔하고 이용하는 소재 역시 뻔합니다. 이 때문에 많은 비난도 받습니다. 대부분의 한국 드라마를 보면 다음과 같은 요소가 빠지지 않고 나옵니다. '출생의 비밀', '불치병', '기억상실증', '(신분이 다른 사람끼리의) 삼각관계' 등이 그것입니다. 이것에 대해서도 별다른 설명이 필요 없습니다. 여러분들에게 너무나 익숙한 소재이기 때문입니다.

그런데 이런 것들은 우리 보통 사람들에게는 매우 우연적인 요소에 불과합니다. 우리 주변에 이런 일들이 일어날 확률은 그다지 높지 않습니다. 적어도 저는 지금껏 살면서 이런 서너 가지 경우를 당해본 적이 없습니다. 그렇지 않습니까? 평생 원수인 줄 알고 복수만 노렸는데 나중에 친아버지로 판명되는 경우가 어찌 흔하겠습니까? 또 우연한 기회에 만나 서로 사랑하게 된 남녀가 나중에 보니 오누이였다는 이런 사건이 현실에서 그렇게 쉽게 일어날 수 있을까요? 그런데 이런 이야기가 한국 드라마에서는 너무 자주 나옵니다. 또 드라마의 스토리가 잘 안 풀린다 싶으면 갑자기 등장인물이 암 같은 불치병에 걸리는 것으로 나옵니다. 기억상실증도 마찬가지지요. 일상에서는 좀처럼 만나기 힘든 사건들인데 우리 드라마에는 단골손님처럼 나옵니다.

이처럼 한국 드라마는 이야기 전개가 굉장히 비약적이고 인과관계가 약합니다. 그래서 사람들이 이상하게 생각하고 외면할 것 같은데 현실은 또 그렇지 않습니다. 그것을 보는 한국인들은 그 전개의 비논리적인 면에 대해서는 한마디도 하지 않고 외려 그 상황의 반전에 큰 자극을 받으면서 아주 즐거워합니다. 따지는 것보다는 그 의외성을 감정적으로 그냥 확 받아들이는 것이지요. 별 변화 없는 밋밋한 현실에서 살다가 그런 급작스러운 변화가 있는 드라마를 보면서 큰 자극을 받으니 그런 것을 좋아하는 모양입니다. 그런데 암만 의외적인 일이 있다 하더라도 나름대로 논리를 깔아야 하는데 한국 드라마에서는 그런 복선이 잘 안 보입니다.

드라마를 이렇게 만들어도 되는 것은 한국인들이 이런 드라마들을 별 비난 없이 받아들이기 때문입니다. 한국인들이 따지는 건 스토리의 전개가 아니라 한 장면 한 장면의 완성도입니다. 그러니까 전체적인 흐름보다는 지금 현재 보는 장면이 얼마나 멋있는가 하는 것에 관심을 둔다는 것입니다. 제가 보기에 한국인들은 보고 있는 그 장면만 멋있으면 전체가 어떻게 흘러가는지 그다지 관계하지 않는 것 같습니다. 말도 안 되는 스토리 전개를 욕하면서도 자꾸 보게 된다고 하지 않습니까?

그렇다면 한국 드라마에서 한 장면 한 장면이 멋있다는 게 무슨 말일까요? 우선 한국 배우들이 잘생긴 것을 들 수 있겠습니다. 제가 한국인이라 편향되어 그럴 수 있겠지만 동북아 3국 가운데 상대적으로 볼 때 잘생긴 배우들은 우리나라에 제일 많은 것 같습니다. 한국 여배우들은 참으로 예쁘고 남자 배우들은 아주 멋있습니다. 장면마다 이런 배우들이 나오니 그 장면들이 멋있지 않겠습니까? 게다가 새로운 얼굴이 자꾸 나옵니다. 일본인들은 한 배우를 좋아하면 수십 년 가지만 한국인들은 싫증을 잘 느끼기 때문에 새로운 얼굴들이 빨리 등장해야 합니다.

그다음으로, 장면을 찍는 곳이 아주 아름답습니다. 한국의 감독들은 국내에 있는 명소들, 즉 아름다운 곳들을 죄다 알고 있는 것 같더군요.

여전히 회자되고 있는 명대사로 유명한 MBC TV 드라마 〈다모〉(2003년)와 SBS TV의 〈청춘의 덫〉(1999년) 장면

그래서 장면과 가장 잘 어울리는 곳을 골라 드라마를 찍는 것이겠지요. 드라마의 어떤 장면을 보면 "저게 우리나라 맞아?" 하는 말이 나올 정도로 색다르고 아름다운 곳이 나옵니다. 세트장도 마찬가지입니다.

그다음, 아주 아름다운 음악이 나옵니다. 한국의 감독들은 장면에 맞는 음악들을 잘 만들기도 하고 가장 적절한 음악을 잘 고르기도 합니다. 물론 그 일을 감독이 다 하는 것은 아니지만 마지막 결정은 감독이 하니 그들의 감식 능력은 대단하다 하겠습니다. 거기다가 촌철살인적인 대사가 나옵니다. 여러분들도 잘 아는 것처럼 "아프냐? 나도 아프다."나 "당신 부숴버릴 거야." 같은 대사가 그것인데 그냥 들어보면 아무것도 아닙니다. 그러나 그 장면에서 보면 이 단순한 대사들이 가슴을 찌릅니다.

한국 드라마는 바로 이런 몇 가지 요소가 혼합되어 멋있게 보이는 것입니다. 그러니까 조금 과장되게 말하면 한국 시청자들은 전체 스토리의 진행에 관심을 쏟기보다 한 장면 한 장면이 멋있으니까 거기에 취해 끝까지 보게 된다는 것이지요. 그래서 그런지 한국 시청자들은 스토리

라인이 어떻게 구성되는지에 대해서는 그리 큰 관심을 두는 것 같지 않습니다. 장면만 보고 따라가기 때문에 그런 것인데 그러다 보면 좀 지루하게 될 수 있습니다. 그럴 때에는 그냥 뜻밖의 사건(불치병의 발병 등)을 터뜨려 보는 사람을 놀래주면 됩니다. 한국 드라마의 소재가 너무 진부하다고 많은 비판을 받지만 시청자들이 그 소재들을 좋아하니 어쩔 수 없는 것입니다. 시청자가 그런 것을 좋아하는 한 한국 드라마는 그렇게 갈 것입니다.

전 세계를 강타하기 시작한 K-Pop

지금까지 본 것처럼 한국 드라마가 전 세계적으로 많은 인기몰이를 했지만 그래도 우리나라 대중가요만큼은 아닐 겁니다. K-Pop의 엄청난 활약상에 대해서는 앞에서 이미 잠깐 보았습니다. 한국인들의 음악, 좀 더 정확히 말해서 대중가요 사랑은 충분히 짚어봤습니다.

제가 대학에 다니던 1970년대만 해도 젊은 사람들은 한국 가요를 듣지 않았습니다. 이때 말하는 한국 가요란 이른바 '뽕짝' 가요를 말합니다. 대학생들은 이 노래를 철저히 피했습니다. 아예 음악이라고 여기지도 않았죠. 대신 온갖 외국 팝송만 불러댔고 팝송을 그대로 흉내 내어 한국인이 작곡한 포크송을 불렀습니다. 이때 그나마 한국적인 가요를 지향한 가수가 있다면 송창식과 김민기 씨 정도를 들 수 있을 겁니다. 나머지 조영남이나 김세환, 이장희 씨 등은 팝송 또는 팝송을 아주 많이 닮은 노래를 불렀고 우리는 그게 좋다고 따라 불렀습니다. 한국 가요인 줄 알고 열심히 불렀는데 나중에 알고 보니 팝송인 적도 아주 많았습니다. 저는 전형적인 이른바 '세시봉' 세대라 이때 이야기가 나오면 할 말이 많은데 우리의 주제가 아니니 그냥 지나가야겠습니다.

저는 이때의 음악을 아주 좋아하는지라 지금도 노래를 할 기회가 있으면 당시 불렀던 노래만 합니다. 당시 제가 외우고 있던 팝송 가사들이 지금도 많이 기억납니다. 또 기타 코드도 다 생각납니다. 아무 생각 없이 미국 노래만 불렀는데 지금 생각하면 정말로 웃기는 일입니다. 제가 좋아하는 노래 중에 존 덴버의 'Take me home country road'라는 게 있는데 이 노래 가사에 미국 버지니아에 있는 블루리지 산과 셰난도 강이 나옵니다. 우리는 이곳에 가기는커녕 어디에 있는지도 모르면서 이 지역의 이름을 그냥 불러댔습니다. 흡사 우리가 그곳에 사는 히피가 된 듯 불렀습니다. 자신이 미국인인 것처럼 미국의 특정한 곳을 고향처럼 생각하면서 노래를 불렀으니 포복절도할 일입니다. 이것은 흡사 아프리카의 어떤 젊은이가 한국 가요를 좋아해 '목포의 눈물'을 부르면서 '유달산'이나 '영산강'을 읊조리며 추억에 잠기는 것과 같다고 하겠습니다. 이런 일이 실제로 일어난다면 얼마나 웃기겠습니까? 좌우간 우리는 그때 그렇게 살았습니다.

우리에게 팝송은 음악의 전부였습니다. 라디오를 틀어도 전부 팝송만 틀어주었습니다. 지금은 라디오로 팝송을 듣는 일이 예전처럼 쉽지 않습니다. 팝송을 들려주는 프로그램이 별로 없어 그렇습니다. 그러나 당시는 라디오를 틀면 거의 대부분 팝송이 흘러나왔습니다. 그래서 저는 아무 의심 없이 '사람은 태어나면 당연히 이런 음악을 듣고 살아야 하는구나'라고 생각했습니다. 그리고 어떻게 하면 미국 가수가 치는 기타 멜로디와 똑같이 칠 수 있나 하면서 음을 따르고 LP판을 계속해서 돌렸던 기억도 나는군요.

그러던 것이 1980년대와 1990년대로 넘어오면서 점차 변화가 생기기 시작했습니다. 팝송이 서서히 퇴조하기 시작한 겁니다. 우리 대중가요의 수준이 눈에 띄게 높아지기 시작했습니다. 이것이 가능했던 것은 우리의 대중가요 작곡가들이 팝송을 거의 완전하게 소화했기 때문입니다. 그런 덕에 팝송보다 더 좋은 한국 가요가 쏟아져 나오기 시작했습니다. 그러니 한국의 젊은이들은 팝송을 들을 필요가 없어졌습니다. 우리 노래가 좋은데 뭐하러 팝송을 들겠습니까? 재미있는 건 이때 서양에서 우리 가요를 표절하는 경우도 있었다는 것입니다. 오래된 일이라 아실지 모르겠는데 가수 이정현이 부른 '와'라는 노래를 이탈리아의 유명 그룹이 몽땅 베껴 부른 적이 있었습니다. 이것은 그만큼 우리 가요의 수준이 높아졌다는 것을 의미할 겁니다.

사정이 이렇게 되니 이제는 젊은 세대 가운데 팝송을 듣는 사람이 아주 적어졌고 더 나아가서 가사를 외우는 사람은 극히 드물어졌습니다. 이것은 노래방에 가보면 알 수 있습니다. 저는 노래방에서 팝송만 가지고 몇 시간이고 노래할 수 있는데 젊은 학생들이 노래하는 것을 보면 팝송을 부르는 친구는 눈을 씻고 찾아봐도 없더군요. 40년 만에 한국 가요계의 판도가 완전히 바뀐 겁니다.

이런 이야기도 제가 다른 책에서 많이 했으니 다 생략하기로 하고 아주 최근 이야기를 해보지요. 한국 가요와 관련해 가장 '핫(hot)'한 이야기는 아무래도 지난 2009년에 원더걸스의 노래가 빌보드차트 '핫 100'에 올라간 것일 겁니다. 이 핫 100이라는 것은 빌보드의 '메인 싱글 차트'

라고 하지요. 공연히 영어를 써
서 송구한데 좌우간 모든 장르를
망라한 가장 핵심적인 순위라 보
면 됩니다. 이 외에도 수십 개의
차트가 있지만 이 핫 100 안에
들어가기는 정말로 힘들다고 합
니다.

2009년 당시 원더걸스의 '노
바디'라는 노래가 바로 이 100위

2011년 빌보드 메인 페이지를 장식한 원더걸스
'노바디'로 2009년 10월 셋째 주, 한국 가수로는
처음으로 '핫 100' 차트 76위에 올랐다. 이 기록
은 2012년 9월, 싸이의 '강남스타일'이 64위에
오르면서 일단 깨졌다.

안에 들어가 76위를 하게 됩니다. 이 노래를 부르면서 깜찍하게 춤추던
5명의 소녀들이 기억나시지요? 당시로서는 이게 엄청난 기록이었습니
다. 왜냐하면 아시아 가수로서는 원더걸스가 30년 만에 100위 안에 들
어갔기 때문이었습니다. 물론 우리나라 가수로는 최초였습니다. 이 안
에 들어가기가 이렇게 힘듭니다. 그래서 당시에 한국 가요계가 대단히
떠들썩했습니다. 드디어 우리 가수가 팝의 본고장인 미국에서 인정받았
다고 말입니다. 이렇게 한국 가요가 선전하니까 빌보드에는 'K-town'이
라는 코너가 있어 한국 가요를 아예 전문으로 소개하고 있더군요.

그 뒤로 2012년에 또 다른 인기 걸그룹인 소녀시대가 미국에 진출해
데이비드 레터맨이 진행하는 토크쇼 같은 미국의 꽤 중요한 쇼에 나가
많은 각광을 받았습니다. 그러나 한국 가수들의 이러한 활약에도 불구
하고 뭔가 부족하다는 느낌을 지울 수가 없었습니다. 미국인들은 우리
의 귀여운 소녀들이 일사불란하고 귀엽게 춤추는 모습이 신기해서 좋아
했던 것이지 음악 자체를 좋아해서 열광했던 것은 아니라는 느낌을 받

앉기 때문입니다.

그러다 곧 일이 납니다. 시쳇말로 사달이 난 겁니다. 이 사건이 무엇인지는 말할 필요도 없습니다. 순식간에 세계를 점령해버린 싸이의 쾌거입니다. 싸이에 대해서는 앞에서 이미 어느 정도 보았습니다. 난공불락처럼 보였던 미국을 비롯한 서양의 가요 시장을 싸이가 순식간에 휩쓸어버렸습니다. 싸이가 빌보드 차트 핫100에서 수 주간 2위를 하기 전까지 우리는 우리의 가요가 명백한 한계를 가지고 있는 것으로 보았습니다. 팝이라는 것은 어디까지나 서양의 것이니 우리의 능력으로 서양의 팝을 능가하는 노래를 만들 수 없을 것이라는 생각에서 그런 판단을 한 것이지요.

이걸 허물어버린 게 바로 싸이입니다. 우리의 판단이 섣불렀다는 것을 보여준 것이지요. 싸이의 '강남스타일'이라는 노래가 이런 대업을 달성하리라고는 어느 누구도 예측하지 못했을 겁니다. 더군다나 '강남스타일'은 작곡, 안무, 뮤직비디오 등이 모두 순수 국산품이라 더 의의가 있습니다. 그사이에 우리 대중예술가들의 수준이 이렇게 높아진 것입니다.

싸이의 성공에 대해서는 그동안 많은 분석이 있었습니다. 저는 그 분석에 포함되지 않은 것에 대해 잠깐 말해볼까 합니다. 우선 앞에서도 말했지만 싸이가 나올 수 있었던 가장 큰 요인은 한국인의 못 말리는 노래 사랑 정신입니다. 외국인이 보기에 한국인은 모두 가수 같아 보일 겁니다. 노래를 못 부르는 사람이 없어서 그렇습니다. 그리고 한국인들은 흥이 넘칩니다. 매일 200만 명에 가까운 한국인들이 노래방에서 흥을 마음껏 발산합니다. 싸이는 이렇게 흥이 넘치는 한국인 사이에서 가장 특출한 사람이라 할 수 있습니다. 그러니까 싸이는 한국인 가운데 흥이나

'강남스타일'로 빌보드 메인 페이지를 장식한 싸이. 우리나라 가수 최초로 빌보드 '핫 100' 2위에 올랐다.

끼가 가장 많은 사람이라는 것이지요. 만일 이 같은 사회 분위기가 형성되지 않았다면 천하의 싸이도 이런 쾌거를 이뤄낼 수 없었을 겁니다. 그러니까 싸이는 우리 모두가 길러낸 결과물이라 할 수 있습니다. 저는 그런 의미에서 싸이를 이 시대에 가장 출중한 박수무당이라고 말합니다.

싸이의 '신끼'가 넘쳐흐르다 못해 폭발해버렸으니 이런 일은 최고의 무당만이 할 수 있는 일입니다. 전 국민이 반(半)무당인데 그중에 한 무당이 나와 세계를 휩쓴 것입니다. 그러니까 싸이는 무당 중의 무당이라할 수 있지요. 그렇지 않습니까? 우리나라에서 과거에 노래와 춤을 가장잘하는 사람이 무당이었으니 싸이를 무당이라고 불러도 문제가 없겠습니다. 사실이지 연예인, 특히 가수 가운데에는 이전 같으면 무당이 되어야 하는 사람이 많다는 지적도 있습니다. 이전에는 직업을 고를 수 있는폭이 좁아 무당이 될 수밖에 없었지만 지금은 연예인이 되면 얼마든지 자신의 끼를 발휘할 수 있으니 굳이 무당이 될 필요가 없다는 지적과 함께 말입니다.

싸이의 또 다른 성공 요인은 그의 코믹함입니다. 그가 세계적으로 유행시킨 곡은 전부 아주 우스꽝스러운 몸짓으로 춤을 추는 곡입니다. '강남스타일'은 말할 것도 없고 그 뒤에 발표한 '젠틀맨'이나 '행 오버'도 마찬가지입니다. 이 우스꽝스러운 몸짓 가운데 가장 대표적인 것은 말할 것도 없이 '강남스타일'에 나오는 '말춤'입니다. 이 말춤으로 그는 단번에 세계를 움켜잡은 것이지요. 이렇게 싸이의 몸짓은 코믹하기 이를 데 없습니다. 하기야 그가 초기에 발표한 '새'라는 노래에도 그의 등록상표 같은 아주 코믹한 동작이 나옵니다. 그의 노래가 세계적으로 성공한 것은 이 코믹한 동작이라고 보아도 크게 틀리지 않을 겁니다.

그러면 그의 이 코믹한 동작이 나올 수 있는 원천적인 요인은 어디서 찾을 수 있을까요? 저는 이것도 우리 한국인들의 성향에서 찾습니다. 제가 보기에 한국인은 세계에서 제일 웃기는 민족 같습니다. 그리고 코미디를 제일 좋아하는 민족 같습니다. 좋아해도 엄청 좋아합니다. 그런데 정작 한국인 자신들은 이 사실을 잘 모릅니다. 한국인들이 코미디를 좋아한다는 것 역시 그들이 즐겨보는 텔레비전 프로그램을 보면 알 수 있습니다.

한국처럼 일요일 밤에 지상파 3사에서 코미디 프로그램을 내보내는 나라는 흔하지 않을 것입니다. KBS-2의 〈개그콘서트〉부터 해서 SBS의 〈웃찾사(웃음을 찾는 사람들)〉(현재는 방송 시간이 변경됨)가 그것입니다. MBC도 이런 프로그램이 있었는데(〈코미디에 빠지다〉) 현재는 쉬고 있는 중입니다. 거기다 유선 방송에서 하는 〈코미디 빅리그〉나 미국 NBC의 인기 코미디 프로그램인 〈SNL〉을 '카피'한 한국판 〈SNL코리아〉 같은 것도 있습니다. 이 중에 으뜸은 이상한 이름의 〈개그콘서트〉입니다. 시청률이 15퍼센트 안팎이니 인기가 굉장히 높은 것입니다.

한국인들이 얼마나 해학적인 사람들인가 하는 것은 전통예술을 보면 잘 알 수 있습니다. 한국 예술미를 말할 때 해학미가 반드시 들어가는 것을 보면 그 사정을 잘 알 수 있다는 것이지요. 이웃 나라인 중국이나 일본의 전통예술미를 말할 때에는 해학이니 유머니 하는 것들을 찾아볼 수 없습니다. 그런데 한국의 전통예술에는 장르를 불문하고 해학이나 골계(滑稽)니 하는 요소들이 수없이 있습니다.

민화에 나오는 '까치 호랑이'로 시작해서 민요나 판소리 등에 나타나는 우스꽝스러운 요소들은 동북아시아의 전통예술 가운데 한국 예술에만 나타나는 것 아닌가 싶습니다. 신라 토우는 어떻고요. 이런 예를 얼마든지 댈 수 있습니다마는 우리의 주제는 춤이니 춤에만 집중해서 보겠습니다. 앞에서도 말한 것처럼 싸이의 노래가 크게 성공한 것은 우스꽝스러운 춤 동작에 기인하는 바가 큽니다. 그런데 싸이의 그 웃기는 동작이 갑자기 나온 게 아닙니다. '강남스타일'의 뮤직비디오에는 싸이만 나오는 게 아니라 유재석이나 노홍철 같은 코미디언들이 나와 아주 웃기는 동작을 해서 재미를 배가시켰습니다.

제가 보기에 이런 해학적인 춤 동작은 나름대로 계보가 있습니다. 물론 탈춤 같은 전통 춤까지 그 연원을 올려 잡을 수 있지만 여기서는 현대로만 한정해서 보겠습니다. 제가 싸이나 노홍철의 몸짓을 처음 보았을 때 생각난 장면은 코미디언인 남철과 남성남 씨가 같이 추던 이른바 '왔다리갔다리' 춤이었습니다. 두 남씨의 이 춤도 포복절도하게 웃깁니

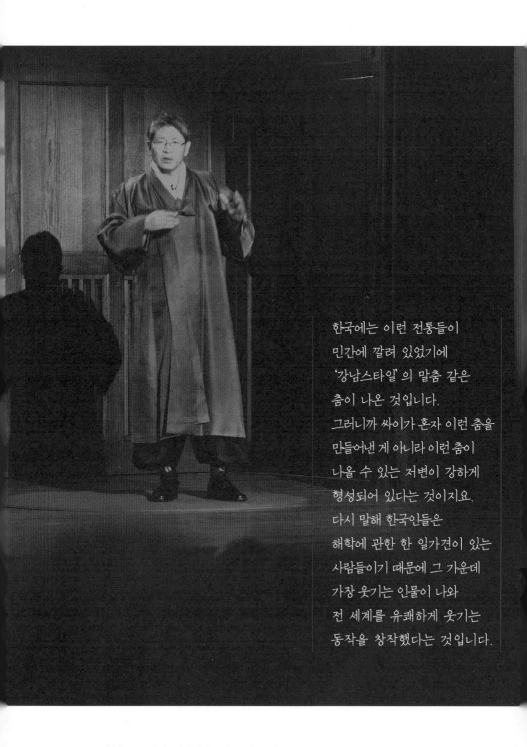

한국에는 이런 전통들이
민간에 깔려 있었기에
'강남스타일'의 말춤 같은
춤이 나온 것입니다.
그러니까 싸이가 혼자 이런 춤을
만들어낸 게 아니라 이런 춤이
나올 수 있는 저변이 강하게
형성되어 있다는 것이지요.
다시 말해 한국인들은
해학에 관한 한 일가견이 있는
사람들이기 때문에 그 가운데
가장 웃기는 인물이 나와
전 세계를 유쾌하게 웃기는
동작을 창작했다는 것입니다.

다. 이 춤은 한때 전 국민, 특히 어린이들이 따라 했던 춤입니다. B급 같지만 정감 있게 웃기는 이 춤은 지금 다시 보아도 여간 웃기는 게 아닙니다. 이런 웃기는 유전자가 한국인들의 민족적 DNA에 잠재되어 있어 싸이나 노홍철, 유재석, 정준하, 김수로 등이 그 우스꽝스러운 동작을 하는 모양입니다.

웃기는 춤이라면 원조가 또 있지요? 고 공옥진 여사의 '병신춤'이 그 것입니다. 이 춤은 장애인들을 비하한다고 해서 문제가 됐습니다마는 동작만 보면 정말로 웃기기 짝이 없습니다. 이 춤을 보고 있으면 세상에 저 춤보다 더 코믹한 춤이 있을까 할 정도로 그야말로 웃음 원단입니다. 사실 이런 '병신춤'은 전통 사회에서는 그리 낯선 것이 아닙니다. 일례로 무형문화재인 가산오광대를 보면 이른바 '문둥이춤'이라는 것이 나오는데 여기서도 몸이 불편한 나병 환자들이 억지로 춤을 추는 코믹한 모습이 연출되고 있습니다(가산은 경남 사천시 옆에 있는 조그만 마을입니다).

한국에는 이런 전통들이 민간에 깔려 있었기에 '강남스타일'의 말춤 같은 춤이 나온 것입니다. 그러니까 싸이가 혼자 이런 춤을 만들어낸 게 아니라 이런 춤이 나올 수 있는 저변이 강하게 형성되어 있다는 것이지요. 다시 말해 한국인들은 해학에 관한 한 일가견이 있는 사람들이기 때문에 그 가운데 가장 웃기는 인물이 나와 전 세계를 유쾌하게 웃기는 동작을 창작했다는 것입니다. 하기야 싸이의 이름도 얼마나 웃깁니까? 풀어 말하면 시쳇말로 '또라이'라는 뜻이니 이름부터 해학이 넘쳐흐릅니다.

한국 가요(K-Pop)는 앞으로 어떤 변화가 있을지 아무도 모릅니다. 제 2, 제3의 싸이가 나오지 말라는 법이 없습니다. 싸이 이후에는 '크레용팝' 이라는 소녀들이 나와 이른바 '직렬 5기통 춤'을 선보이면서 살짝 또 다른 가능성을 보여주었습니다. 이 춤도 아주 기발하고 웃겼습니다. 앞으로 분명 이런 새로운 가수들이 나와 K-Pop을 전 세계에 전할 것입니다.

이제 음악 이야기는 접고 다른 장르인 영화로 가볼까요? 영화 역시 대표적인 엔터테인먼트 장르 아닙니까? 그러니 이 분야도 한국인들이 못할 리가 없겠지요. 여기서도 한국인들은 그 무궁무진한 끼를 엄청나게 발산합니다. 1970년대에 고사 직전까지 갔던 한국 영화가 지금처럼 화려하게 부활한 게 이 사실을 증명해준다 하겠습니다.

영화에서도 유감없이 발휘되는 힘

한국 영화는 현재 세계 최고의 수준에 근접해 있으면서 서구의 영화들과 어깨를 나란히 하고 있습니다. 우리 배우들이 할리우드로 진출하는 것이나 한국에서 미국의 유명 영화를 촬영하는 것에서 그런 정황을 알 수 있습니다. 또 같은 시나리오를 가지고 영화를 만들 때에도 한국 쪽 영화가 완성도가 더 높은 것을 통해서 그 사정을 알 수 있습니다. 예를 들어 배우 설경구 씨와 한효주 씨가 주연한 〈감시자들〉이라는 영화는 홍콩 영화 〈천공의 눈(Cold Eyes)〉을 다시 만든 건데 이 두 편을 비교해보니 우리 쪽 영화가 더 낫더군요. 적어도 제 눈에는 그렇게 보였습니다. 우리 쪽 배우들이 더 멋있고 예뻤던 것 같았고 연기도 나아 보였습니다. 그리고 '화면 빨'도 우리 쪽이 더 좋게 보였습니다.

그 외에도 한국 영화의 선전(善戰)에 대한 말은 많이 있습니다. 이제는 진부한 이야기로 들리지만 한국은 영화 산업에서 '자국 관객 점유율

이 25퍼센트가 넘는 몇 안 되는 나라'라느니 '미국 블록버스터 영화가 맥을 못 추는 나라'라느니 하는 것들이 그것입니다. 그런가 하면 '미국에서 영화 한 편 만들 때 드는 예산의 10분의 1을 가지고 같은 수준의 영화를 만들 수 있는 나라가 한국'이라는 확인되지 않은 소문도 있습니다. 또 우리 영화인들은 한국영화사상 처음으로 세계 3대 영화제를 석권했습니다. 칸 영화제에서는 배우 전도연 씨가 영화 〈밀양〉으로 여우주연상을 받은 것도 기억납니다.

한국 영화의 쾌거를 말할 때 다음 사건을 빼놓을 수는 없을 겁니다. 2012년에 김기덕 감독이 영화 〈피에타〉로 베니스(베네치아) 국제영화제에서 대상인 황금사자상을 수상한 것 말입니다. 지금까지 베니스나 베를린, 칸 등의 세계적인 영화제에서 한국 영화가 감독상이나 심사위원장상 같은 2, 3위의 상은 받은 적이 있지만 이처럼 1위인 대상을 받은 것은 처음이기 때문입니다. 저도 김기덕 감독의 영화를 좋아하기는 하는데 내용이 워낙 강해 마음 편하게 보지는 못했던 기억이 납니다. 그의 심리 세계는 아주 독특해 그의 영화에는 다른 영화에서는 좀처럼 볼 수 없는 세계가 펼쳐집니다. 〈봄 여름 가을 겨울 그리고 봄〉이 그렇고 〈빈집〉이나 〈섬〉이 그렇습니다. 그의 영화는 어느 것이든 정말로 강하고 독특합니다. 이런 면이 국제영화제에서 큰 주목을 받은 모양입니다.

그런데 요즘 이렇게 잘나가는 우리 영화를 보고 한국 영화가 이전에도 그랬을 것이라고 생각하면 큰 오산입니다. 이전, 특히 1970년대에 우리 영화는 '죽을 쒔습니다'. 그때 우리 영화는 정말로 재미없었습니다. 그 이유에 대해서는 조금 있다 보겠습니다. 그러나 우리나라는 원래 영화를 잘 만드는 나라였다고 합니다. 1970년대 이전인 1960년대에는

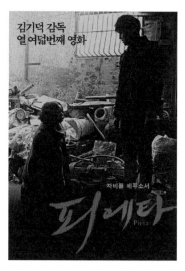

2012년 제69회 베니스 국제영화제에서 황금
사자상을 수상한 김기덕 감독의 〈피에타〉 포
스터

우리가 아시아에서 일본 다음으로 영화를 잘 만들었다는 것이지요. 그 당시 우리나라의 신상옥 감독이나 유현목 감독 같은 분들은 일본의 세계적인 거장인 구로사와 아키라 감독과 어깨를 나란히 하는 감독이었다고 합니다.

당시 한국 영화와 얽힌 재미있는 이야기로, 지금은 세계적인 스타가 된 성룡과 관계된 이야기가 있습니다. 당시는 우리의 영화 수준이 홍콩보다 훨씬 나아 성룡 같은 홍콩 배우가 우리나라에 와서 영화를 배우기도 하고 영화를 직접 촬영하기도 했습니다. 성룡이 지금은 세계적인 스타가 되었지만 그때는 아직 이름을 떨치기 전이었습니다. 그저 홍콩이나 한국에서 이름이 있는 정도였습니다. 그래서 한 수 위인 우리 영화를 배우러 온 것입니다.

그때 성룡이 나온 영화를 보면 우리나라의 산성이 나오는 장면이 있습니다. 성 앞에서 결투하는 장면이 나오는데 중국 본토에는 못 들어가니 중국과 환경이 비슷한 한국에서 영화를 찍은 것이지요. 당시 성룡은 한국을 꽤 자주 오가면서 한국말도 배웠던 모양입니다. 그가 요즘에 한국 텔레비전 방송에 나올 때 보면 한국어를 꽤 잘 구사하는 것을 알 수 있습니다.

어쨌든 그랬던 게 1970년대에 유신 시대를 맞으면서 한국 영화는 곧 두박질합니다. 정부의 지나친 간섭 때문에 영화인들이 마음 놓고 영화를 만들 수 없었기 때문입니다. 그래서 당시에 한국 영화는 이제 끝났다는 말이 무성했습니다. 영화 질이 너무 떨어져 방화(한국 영화)는 절대 보아서는 안 된다는 철칙까지 생겼습니다. 이것은 어쩔 수 없는 일이었습니다. 문화란 정치적인 간섭을 받으면 바로 사그라지기 때문입니다. 당시 우리나라 감독들이 다룰 수 있는 소재는 지극히 제한적이었습니다. 독재정권을 조금이라도 언짢게 하는 소재는 철저하게 배제해야 했습니다. 그래서 기껏해야 '호스테스'를 주인공으로 하는 영화나 만들 수 있었습니다. 당시에 한국 영화는 어떤 희망도 보이지 않았습니다. 물론 그 가운데에서도 몇몇 뛰어난 감독이 고군분투했지만 역부족이었습니다.

그 뒤에 한국 영화가 어떻게 '재부팅'을 했는지는 여러분들도 잘 아실 겁니다. 〈은행나무 침대〉(1996)로 군불을 때더니 〈쉬리〉(1999)가 대박을 치면서 한국 영화는 그 뒤부터 승승장구했습니다. 세계 3대 영화제를 석권한 것도 바로 이 결과였습니다. 물론 그 뒤에도 한국 영화 위기설이 간간히 튀어나왔지만 유신 시대에 황폐했던 때를 생각하면 그다지 큰 문제가 되지는 않았습니다.

한국인들은 앞에서 본 것처럼 대단히 감각적인 사람들이라 영화에는 아주 강할 수밖에 없습니다. 영화는 무엇보다도 장면 장면이 우수해야 하는데 한국인의 감각이 매 장면을 아주 감칠맛 나게 만들었기 때문입니다. 또 긴박감 넘치게 장면을 이어가는 것도 한국인의 '빨리빨리' 정신 덕분인지 아주 잘 만듭니다. 물론 아직도 개선해야 할 점이 많이 있겠지만 지금까지 발전해온 것을 생각하면 한국 영화의 발전은 무궁무진할 것입니다. 어떻든 한국인의 드높은 엔터테인먼트 정신은 영화에서도

2012년 베니스 국제영화제의 레드 카펫을 밟고 있는 김기덕 감독의 발(연합뉴스 사진)

유감없이 빛을 발하는 것을 알 수 있었습니다.

한국 영화는 한류 가운데 앞에서 본 노래나 드라마처럼 전 세계를 흔들어놓지는 못하고 있습니다. 그래서 이렇게 간단하게만 보았습니다마는 이 장을 마치기 전에 여러분과 같이 보고 싶은 사진이 하나 있습니다. 이 발만 나와 있는 사진은 앞에서 언급한 김기덕 감독이 베니스 국제영화제의 레드 카펫을 걷고 있는 장면입니다. 그런데 어떻습니까? 양말도 안 신고 게다가 신발을 꺾어 신고 걷고 있지 않습니까? 이게 얼마나 대단한 장면입니까?

이 레드 카펫은 배우들이 아주 신경 써서 걷는 매우 상징적인 곳입니다. 여배우들은 어떻게 하면 예쁘고 우아하게 보일까 고심을 하고, 남자 배우들은 어떻게 하면 멋있게 걸을 수 있을까 신경을 곤두세우는 곳입니다. 감독들도 예외가 아닙니다. 적어도 턱시도 같은 예복 비슷한 것을 입고 나옵니다. 그런데 김 감독 좀 보십시오. 마치 동네 건달처럼 닳

아빠진 구두를 꺾어 신고 걸었습니다. 이런 장면을 연출한 그의 의도는 정확히 알 수 없지만 저렇게 함으로써 베니스 영화제의 권위에, 혹은 기존의 세계에 대해 한 방 먹이는 것 아닐까요? 저는 김 감독의 이러한 태도에서 한국인의 야성성을 엿봅니다. 아주 거칠고 호전적인 그런 야수성 말입니다. 강한 신기라고도 할 수 있겠지요. 김 감독은 수상 소감으로 한국말로 '아리랑'을 불렀으니 그의 배짱을 알 만합니다.

이제 서서히 제 강의도 끝으로 가고 있습니다. 이제 남은 것은 비보이와 인터넷 게임에서 보이는 한국인의 신기인데 비보이는 요즘 많이 시들어졌는지 별 이야기가 안 들려옵니다. 그래서 따로 항목을 만들지 않고 아주 간단하게만 보기로 하겠습니다. 한국인들이 춤 잘 추는 건 이미 잘 알려진 사실이니 우리나라 비보이들이 춤을 잘 춘다고 하는 것이 새삼스러운 일은 아닐 겁니다.

좌우간 몸을 박자에 맞추어 흔들어대는 데에는 한국인을 능가할 만한 민족이 없는 모양입니다. 브라질의 살사 춤이 동아시아에서는 한국에 가장 늦게 들어왔는데 한국인들이 이 춤을 제일 잘 춘다고 합니다. 한국의 비보이들이 대단하다는 것은 이들이 어떤 지원도 없이 세계 대회를 석권했기 때문입니다. 우리나라의 여성 골퍼들은 그래도 회사의 지원을 받습니다. 그런데 우리 비보이들은 처음에는 어떤 회사의 지원도 없었답니다. 그렇지 않겠습니까? 뒷골목 아이 같은 청년들이 '이상한' 춤을 춘다는 데에 어떤 회사가 돈을 투자하겠습니까?

이들은 자신들의 힘만으로 불과 4~5년 만에 세계 4대 비보이 경연대회를 석권하게 됩니다. 물론 그 뒤부터는 기업으로부터 지원이 있었겠지요. 이것은 참으로 대단한 것입니다. 연습 장소도 변변치 못했을 텐데 그 어려운 환경을 딛고 우승한 것입니다. 춤에 대한 의지가 얼마나 컸기에 이런 일이 가능했던 것일까요? 춤이 너무 좋으니까 무조건 춤에 매달렸고 그 결과 이런 대단한 업적을 이룬 것입니다. 또 춤을 워낙 잘 추는 민족이라 누가 시키지 않아도 알아서 했을 것이고 주위에서 아무 관심이 없어도 춤이 좋으니까 죽자고 추어댔을 겁니다. 그렇게 되니까 이들이 하는 동작 가운데 어떤 것은 한국의 어느 비보이만이 할 수 있다는 이야기도 나오고 이들이 춤추는 동영상은 전 세계 비보이들의 교과서라는 말도 나옵니다. 좌우간 역시 춤은 한국인입니다.

이제 정말 강연의 막바지에 왔습니다. 한국인과 떼어놓으려야 떼어놓을 수 없는 게 바로 인터넷입니다. 그래서 한국은 적어도 하드웨어적인 면에서는 인터넷 강국이라고 말합니다. 인터넷 보급률이나 인터넷 속도 등과 같은 하드웨어적인 면에서 한국은 항상 수위를 달려왔습니다. 그런데 이 인터넷이 또 노는 것과 관계가 됩니다. 이제 한국인의 신기가 실력을 발휘하는 마지막 분야인 인터넷에 대해 보기로 합니다.

| 8 |

인터넷과
잘 통하는 한국인

세계가 인터넷 시대로 들어간 지 꽤 되었습니다. 인터넷 세상이 시작됐을 때 저는 이제 '한국에 운이 들어오는구나'라는 생각을 했습니다. 그래서 아주 다행이라고 생각했지요. 저는 이 대목에서 청중에게 세상에서 당해낼 재간이 없는 사람이 누군 줄 아느냐고 묻습니다. 그러면 돈 많은 사람, 머리가 좋은 사람, 권력가 등등의 답이 나옵니다만 저는 운 좋은 사람이라고 말합니다. 그러면 좌중에서는 공감하는 큰 웃음이 터져 나오는데, 제가 왜 운 좋은 사람이라 말하느냐 하면 평소에 세상에서 제일 좋은 것은 운이 좋은 것이라고 생각했기 때문입니다. 그렇지 않습니까? 우리가 누구를 상대할 때 가장 무서운 사람은 운이 좋은 사람 아닐까요? 돈이 많거나 실력이 좋은 사람은 버거운 상대는 될 수 있지만 운이 좋은 사람에게는 적수가 되지 못합니다. 이유는 간단합니다. 운이 좋은 사람을 이길 방법이 없기 때문입니다.

우리나라는 지난 수십 년 동안 의도했든 의도하지 않았든 악수(惡手)를 많이 두었습니다. 나쁜 일이 많았다는 것이지요. 그런데 망하기는커녕 승승장구하면서 엄청난 발전을 이룩하지 않았습니까? 생각해보면 우리에게 얼마나 많은 위기가 있었습니까? 6·25 전쟁을 위시해 오일쇼크, IMF 금융 위기 등등 많은 환란이 있었습니다. 그런데 그때는 나라가 금방 망할 것 같았는데 그 위기들을 다 극복하고 여기까지 왔습니다. 특히 6·25 전쟁 때에는 나라를 거의 빼앗길 뻔했는데 간신히 고비를 넘기기도 했습니다. 한국이 이처럼 세계의 최빈국에서 10위권의 나라로 비상할 수 있었던 데에는 운이 많이 따랐을 것입니다. 한국인들이 하도 기적적인 일을 한 것이라 그것을 운으로 설명하지 않으면 안 될 것 같다는 생각이 듭니다. 한국인들이 지난 50~60년 동안 했던 일은 인간의 일이라기보다는 하늘로부터 어떤 사명이나 힘을 받았기 때문 아닐까 하는 생각마저 듭니다.

그런데 이번에 우리 한국에게 다시금 좋은 운이 왔다는 것을 확신시켜주는 사건이 생겼습니다. 인터넷 시대의 개막이 그것입니다. 어떤 이유로 이렇게 생각하는 것일까요? 인터넷과 한국인이 잘 어울리기 때문입니다. 인터넷 세계의 속성이 무엇입니까? 인터넷 세계는 그 무엇보다도 빠른 것을 가장 중요하게 생각합니다. 또 그렇게 빨리 움직이니 변화가 엄청나게 생겨납니다. 그래서 인터넷 세계에서는 임기응변력이나 순발력이 많이 필요합니다. 한국인들은 이런 능력을 전 세계 어떤 민족보다도 많이 갖고 있습니다. 즉흥에 아주 강합니다. 이런 한국인들의 능력은 인터넷 세상에서 만개할 수 있습니다.

한국인의 이 같은 성정을 이해하기 위해 극적인 예를 한번 들어볼까요? 이것은 여러분들의 이해를 돕기 위해 조금 과장해서 하는 이야기이니 액면 그대로 받아들이지 않으면 좋겠습니다. 한국인을 잘 이해하려면 일본인과 비교해보면 쉽습니다. 두 민족의 속성이 서로 대척점에 있기 때문입니다. 그 속성의 차이점은 앞에서도 본 것처럼, 우리 한국인이 우뇌적인 방면에 능하다면 일본인은 좌뇌적인 것을 잘합니다. 일본인과 한국인은 생긴 것은 비슷한데 속은 정반대입니다. 한국인들이 모든 일을 대충대충 크게 하기를 좋아한다면 일본인들은 아주 꼼꼼하게 따지면서 정밀하게 하는 것을 좋아합니다. 이런 면에서 보면 이 두 나라 사람들은 서로를 이해하기가 아주 어렵습니다. 같은 사안이라도 서로 반대로 보니 어쩔 수가 없습니다.

이 두 나라 사람들이 일을 할 때 어찌하는지 비교해볼까요? 먼저 일본인들은 흔히들 '매뉴얼' 민족이라고 하지요? 미리 다 짜여 있는 것이 있지 않으면 움직이지 않는다는 의미에서 이렇게 말하는 것일 겁니다. 사정이 이러니까 일본인들은 이 매뉴얼이 없으면 일을 시작하지 않습니다. 일을 할 때에도 반드시 장기 계획을 다 세워놓은 다음에야 시작합니다. 예를 들어 10년짜리 프로젝트가 있다면 일본인들은 이 10년 계획을 다 짠 다음에야 일을 시작합니다. 그게 매뉴얼 민족의 특성입니다. 반면 한국인들은 과장되게 말하면 아침에 결정하면 그날 저녁부터 시작합니다. 머리를 쓰기보다는 몸부터 움직이고 본다는 것입니다. 매뉴얼은 일을 하면서 같이 만들어나갑니다.

그런데 인터넷 세상은 하루가 다르게 변화합니다. 1년만 지나도 많이 바뀌어버립니다. 이렇게 외부 환경이 바뀌면 일본인들은 계획을 또 세워야 합니다. 그러는 가운데 시간은 또 흘러갑니다. 그러니 일이 자꾸 늘어질 수밖에 없습니다. 이에 비해 한국인들은 어떻습니까? 어차피 계획을 꼼꼼하게 짜고 시작한 게 아니니 대충 바뀐 환경에 맞추어 일을 하면 됩니다. 그리고 한국인들은 일을 하면서 계획을 동시에 짜나갔으니 그 계획은 언제든지 바꿀 수 있습니다.

이처럼 한국인은 인터넷 시대를 맞이해 펄펄 날게 되었습니다. 이런 인터넷 시대가 한국인들에게 또 노는 기회를 제공합니다. 노는 데에 둘째가라면 서러워할 한국인들이 또 인터넷 세상에서 놀이터를 찾은 것입니다. 컴퓨터 게임이 바로 그것입니다. 이 분야로 오면 한국인들이 또 제 세상 만난 것 같습니다. 이전에 게이머들이 즐겨 하던 스타크래프트 게임이나 워크래프트 게임 같은 인터넷 게임에서 한국인들은 단연코 두각을 나타냈습니다. 임요한 선수나 안드로 장 선수는 각각 스타크래프트와 워크레프트 게임에서 세계 지존의 자리를 차지한 적이 있습니다. 그런데 두 번째 선수의 이름이 조금 이상하지요? 성 앞에 '안드로'라는 별명이 있으니 말입니다. 안드로 장 선수는 본명은 장재호인데 이 선수가 게임에서 상대 선수를 안드로메다처럼 멀리 보낸다고 해서 지어진 이름이라고 합니다.

저는 이런 컴퓨터 게임을 해보지 않아 이 분야에 대해 글을 쓰는 게 쉽지는 않습니다만 여기서도 한국인들의 기질이 보여 여간 재미있는 게 아닙니다. 한국인들이 컴퓨터 게임에 강한 것은 순발력, 임기응변력, 호전성, 혹은 야성성 등등에 기인한 바가 클 것입니다. 그런데 지금은 전 세계적으로 게이머들이 즐기는 게임은 앞에서 본 두 가지 게임이 아니라 LOL(League of Legend)이라는 게임이라고 하더군요. 이 게임 분야에서도 한국 게이머들의 실력은 단연 세계 최고라고 합니다. 그런데 요즘에는 돈 때문에 중국 같은 다른 나라로 가는 한국 게이머들이 꽤 있는 모양입니다. 그래서 한국 게이머의 위상이 조금 흔들린다고 하는데 앞으로 어찌 될지는 잘 모르겠습니다.

좌우간 이 LOL을 겨루는 세계 대회가 열리면 한국 선수들끼리 결승전에 올라가는 경우가 꽤 있다고 합니다. 그러면 전 세계의 게이머들이 숨을 죽여가면 그 결승전을 지켜보는데 무엇을 중점적으로 보냐고 했더니 한국 선수들의 현란하기 그지없는 손동작을 본다고 하더군요. 그들이 보기에 한국 선수들의 손 움직임은 믿기가 어려울 정도로 빠르다고 합니다.

그래서 강의할 때 저는 청중들에게 그 이유를 아느냐고 물어봅니다. 그러면 가장 많이 나오는 대답이 한국인은 젓가락을 쓰기 때문이라는 것입니다. 그러면 제가 다시 묻습니다. '젓가락이야 이웃 나라인 중국이나 일본은 말할 것도 없고 동남아 국가들도 다 쓰고 있으니 그게 주된 요인이 될 수는 없지 않겠느냐'고 말입니다. 그러면 청중들은 약속이나 한 듯 '한국인은 그 쓰기 힘들다는 쇠 젓가락을 쓰지 않느냐'고 답을 합니다. 이 대답도 맞습니다. 한국인은 가는 쇠 젓가락으로 콩자반을 능숙하게 집어 먹을 수 있는 사람들이지요. 그런 대답에 저는 한술 더 떠서 말합니다. 젓가락질을 잘한다는 소리를 들으려면 쇠 젓가락으로 묵 정도는 들어야 젓가락질을 좀 한다고 할 수 있고 더 나아가 계란찜까지 들 수 있다면 그건 신공에 해당된다고 우스갯소리를 합니다. 그러면 폭소가 터져 나오는데, 맞지 않습니까?

저는 한국인들이 컴퓨터 게임에 능한 이유를 조금 다른 데서 찾아보았습니다. 뭐 반드시 그렇다는 것은 아니지만 꽤 재미있는 사안이라 한

초등학교 앞이나 동네 문구점에 있는 게임기
여기서 아이들은 자발적으로 자기 돈 내고 하루에 몇 시간씩 두들겨댔을 텐데 이런 환경에서 자란 한국
게이머들을 그 누가 이길 수 있을까?

번 나누고 싶군요. 저는 그 이유를 한국인들의 일상에서 찾아보았습니다. 우리가 어떤 문제를 풀려고 할 때 많은 경우 그 해답을 멀리 가서 찾을 게 아니라 일상 속에서 발견하는 경우가 많기 때문입니다. 제가 길을 가다가 우연히 초등학교 옆에 있는 작은 문방구를 주시하게 되었습니다. 많이 지나치는 길인데 그때 제가 찾고자 하는 문제에 대한 해답을 발견했다고 생각했습니다. 답은 문방구 앞에 있는 작은 게임 기계였습니다. 거기서 아이들이 열심히 기계를 두들겨대는 것을 발견한 것입니다.

이 장면은 많이 보던 것이었는데 그때 아주 새롭게 다가왔습니다. 이때 퍼뜩 든 생각은 이런 것이었습니다. 전 세계에서 손 감각이 가장 뛰어난 민족이 어려서부터 매일 자발적으로 하루에 몇 시간씩 이 게임기를 두들겨댔을 텐데 이런 아이들을 누가 이길 수 있느냐는 것입니다. 생각해보십시오. 훈련 중에 가장 좋은 훈련은 자발적으로 하는 것입니다. 그런데 아이들이 이 게임기를 갖고 노는 것은 완전히 자발적인 행동이지요? 게다가 돈도 자신이 지불합니다. 이렇게 모든 것을 즐겁게 자발적으로 훈련을 했으니 그 능률도 얼마나 높겠습니까? 이런 아이들 중에 더 뛰어난 아이들이 게이머가 되어 전 세계를 주름잡는 것일 겁니다. 그때 게임을 하던 아이들의 손을 보니까 정말 빨라 보이지 않더군요. 그 속도가 장난이 아니었습니다. 이렇게 일상을 낯설게 보니 재미있는 장면이 보이더군요. 이처럼 한국인들이 갖고 있는 강한 신기의 기운은 일상 곳곳에 스며들어 있었습니다. 아니, 한국인은 항상 이 기운 안에서 산다고 하는 게 더 정확할 성싶습니다.

자, 이렇게 해서 한국인의 신기를 알아보는 시간이 끝납니다. 참으로 대단한 신기 혹은 신명을 가진 민족입니다. 이런 기운에 대해 더 자세하게 알고 싶은 분들은 우리의 전통예술을 보면 보다 더 확실히 알 수 있는데 그런 분들은 저의 다른 책(『한 권으로 읽는 우리 예술 문화』)을 참조해주시기 바랍니다. 질서보다는 무질서를, 규칙보다는 파격을, '짜여진' 것보다는 즉흥을, 세부를 정확히 표현하려 하기보다는 무관심으로, 계획을 세우고 주도면밀하게 예술품을 만들려고 하기보다는 무계획으로, 기교를 부리기보다는 무기교로, 근엄하기보다는 해학으로, 등등이 우리 전통예술에서 보이는 특징입니다. 이런 특징은 모두 신기가 가득한 한국인들만이 표출할 수 있는 것일 겁니다.

　같은 문화권에 속한 중국이나 일본 예술에서는 이런 특징이 그다지 나오지 않습니다. 아니 외려 반대의 예만 가득합니다. 그래서 제가 이 신기를 한국인만의 특징이라고 한 것입니다. 이러한 기운을 현대에 사는 우리가 어떻게 활용할지에 대해서는 보다 더 많은 논의가 필요할 것입니다. 제 어줍지 않은 생각으로 보자면, 앞으로 한국의 앞날은 이 기운을 어떻게 운용하느냐에 달려 있는 것 같습니다.

강의를 마치면서

보통 저는 강의를 끝내는 말을 이렇게 따로 길게 하지 않습니다. 시간에도 쫓기고, 하고 싶은 말은 강의를 하면서 충분히 했기 때문에 결론은 아주 간략하게만 말하고 끝냅니다. 그런데 이렇게 책이라는 다른 매체로 강의하니까 어느 정도는 책의 형식을 따라야 한다는 생각에 결론을 다소 길게 말해봅니다.

제가 결론으로 말씀드릴 것은 꽤 단순합니다. 지금까지 우리는 한국인에게서 발견되는 문기와 신기라는 두 기운을 보았는데 앞으로 우리가 이 기운을 가지고 무엇을 어떻게 할지에 대한 것입니다. 보시다시피 이 기운 가운데 문기는 모두 과거에 속한 것이고 신기는 현대에 와서 크게 발현된 것임을 알 수 있습니다. 이 가운데 사실 신기에 대해서는 그리 걱정할 필요가 없습니다. 조금 전에는 이 신기라는 기운을 더 키우기 위해 논의를 해야 된다고 했지만 그렇게 하기 위해서 그리 많은 토론은 필요 없을 겁니다. 이 신기는 그냥 놓아두어도 되기 때문입니다. 그냥 내버려두면 그 안에서 자연스럽게 논의가 이루어지고 알아서 가장 좋은 방향으로 갈 겁니다. 한국인들은 워낙 신기가 출중해 그 미래에 대해 그다지 걱정할 필요가 없다는 것입니다.

생각해보십시오. 한류 문화의 제작과 수출의 첨단에서 있는 SM엔터테인먼트나 YG엔터테인먼트가 언제 정부 돈을 받아 저렇게 크게 성장

했습니까? 또 〈대장금〉이나 〈별에서 온 그대〉 같은 드라마를 만들 때 정부가 개입했나요? 그저 민간의 힘으로 이처럼 크게 발전하고 좋은 작품을 만들어낸 것입니다. 정부가 개입하면 외려 위축될 수 있습니다. 따라서 현대의 엔터테인먼트 산업 같은 사업들은 내버려두면 알아서 잘할 겁니다.

문제는 문기입니다. 우리가 이번 책에서 본 문기에 관한 것은 모두 과거의 것입니다. 현대 한국인들은 문기에 관한 한 목소리를 그리 크게 낼 수 없습니다. 이 기운은 아직도 기운을 못 차리고 있는 형편입니다. 조선조 말과 일제강점기를 겪으면서 이 기운은 바닥을 쳤습니다. 바닥을 치고 이제 서서히 올라오는 중입니다. 물론 40~50년 전과 비교해볼 때 지금의 문기 기운은 상당히 고양되었습니다. 그러나 아직도 우리의 경제 수준에는 미치지 못하고 있는 것 같습니다. 우리의 문기 기운은 왜 경제 수준을 못 따라가는 것일까요? 정신에 관한 것은 다시 세우는 데에 시간이 많이 걸리기 때문입니다. 건설에서 세계 최고가 되는 것은 수십 년이면 충분하겠지만 인문학에서 세계 최고가 되려면 그보다 훨씬 더 많은 세월이 걸리는 법입니다.

우리가 정말 훌륭한 문화를 갖기 위해서는 이 문기를 끌어올려야 합니다. 신기는 끓어오르는 에너지만 있지 방향성이 없습니다. 방향은 이 문기가 잡아줍니다. 따라서 문기가 제대로 서지 않으면 이 나라의 발전은 한계에 다다를 수밖에 없습니다. 조선의 문화가 훌륭한 건 이 문기의 정신이 충만한 선비들이 있었기 때문입니다. 조선조에는 아주 얇은 층이지만 이런 고급문화가 상층에 있었습니다. 그래서 이것이 활력적인 기층문화와 융합하면서 수많은 걸작들을 만들어낸 것입니다. 이 고급문화는 사회의 전체 문화가 방향을 잡는 데에 없어서는 안 될 것입니다. 이정표 같은 역할을 한다고 할까요?

따라서 이렇게 보면 현대 한국인들은 이 문기의 정신을 살리고 고양하는 데에 많은 힘을 기울여야 합니다. 만일 이 과업이 성공한다면 한국인들이 전 세계에 어떤 빛을 선사할 수 있지 않을까요? 다른 나라에서는 찾아볼 수 없는 완전히 새로운 문화가 만들어질 것이기 때문입니다. 추측입니다마는 만일 이 일이 이루어진다면 그 새로운 한국 문화는 전 세계 사람들이 인간답게 살 수 있는 그런 문화를 선사할 것입니다. 이것은 너무 낙관적인 예측 같습니다마는 충분히 가능성이 있습니다. 물론 그렇게 하기 위해서는 우리의 지난한 노력이 필요할 겁니다. 그리고 이것이 바로 우리 한국이 전 세계를 위해 할 일이 아닌가 합니다. 이런 희망을 갖고 제 강의를 마칩니다. 오랫동안 제 졸강을 들어주셔서 대단히 감사합니다.